Wulf Wager

Was mir Schwoba wirklich meinen:

Heidanei!

Von A wie Allmachtsgraddl bis Z wie Zwetschgapress

SILBERBURG

Dieses Buch ist meinen Freunden von
der Schwobakomede gewidmet

IMPRESSUM

1. Auflage 2021
© Silberburg-Verlag GmbH,
Schweickhardtstraße 5a,
D-72072 Tübingen
Alle Rechte vorbehalten
Lektorat, Satz und Layout:
Wager Kommunikation GmbH, Altenriet
Grafik: Alexander Linke
Druck: Flojančič Tisk d. o. o. / Slowenien

ISBN: 978-3-8425-2341-8

Besuchen Sie uns im Internet und entdecken Sie
die Vielfalt unseres Verlagsprogramms:
www.silberburg.de

Ihre Meinung ist uns wichtig für unsere weitere
Verlagsarbeit. Wir freuen uns auf Kritik und
Anregungen unter: meinung@silberburg.de

Inhalt

Warnung ! 4	Konfirmândâbläsle 70
Vorwörter...................................... 6	Maul 72
Allmachtsgraddl 10	Migge 74
Amenäschlupferle 12	Mugg 76
Arsch/Ärschle 14	Muggâseggele 78
Bäsâwirtschaft 16	Paradoxiâ 80
Bahwärterstäfelâ 19	Pfuuzger 82
Bäsle 22	Rei'gschmeckter 84
Beißzang 24	Ritzâbutzer 86
Bräschtleng 26	Sau 88
Brezg/Bräddsl 28	Schaffâ 90
Daggl 30	Schmeckâ 92
Drallewatsch, Dilledapp, Dubbl 32	Schnookâhuaschter 94
Fasnet 34	Seggl 96
Fetz 36	Spatzâfresser 98
Floischkiachle 38	Spruchbeitel 100
Gemmelich 40	Stäffele 102
Gluufâ 42	Uhrzeitâ 104
Gscheidle 44	Wiascht 106
Heebâ 46	Wiaschtgläubige 108
Hausere 48	Xälds 110
Häusle 50	Xond 112
Heggâscheißer/	Zahlâ 114
Heggabeerlesbronzer 52	Ziagamlederle 116
Heilandzack 54	Zwetschgâpress 118
Heiligs Blechle 57	
Hockâtse 58	
Iibrzwerch 60	
Juckâ 62	
Kehrwoch' 64	
Kiddlschurz 66	
Knitz 68	

Warnung!

Der Text in diesem Buch kann Buchstaben enthalten, auch solche, die Ihnen bislang unbekannt sind. Für die richtige Reihenfolge dieser Buchstaben übernehmen wir keine Gewähr.

Weiterhin weisen wir darauf hin, dass Ihre bisher zweifelsfreie Moral und unbefleckte Tugend durch das Lesen dieses Werkes Schaden oder eine Entwicklung nehmen könnte, die Sie so nicht geplant haben. Sollte Ihr psychischer Zustand den Genuss der hier dargebotenen ausgewählten Erläuterungen und Spötteleien nicht verkraften, dürfen Sie das Buch gerne weiterverschenken.

Für eventuell auftretende psychische, moralische oder spirituelle Spätfolgen haften weder der Autor noch der Verlag noch der Drucker und schon gar nicht der Buchhändler oder Ihre Schwiegermutter, die sonst gerne an allem schuld sein darf.

Badische Mitbürger*innen dürfen dieses Buch sehr gerne auch lesen. Es sollte dem Verständnis der Schwaben und der Völkerverständigung zuträglich sein.

Und noch etwas:
Wer Schwabenwitze nachmacht oder verfälscht, nachgemachte oder verfälschte Witze sich verschafft und in Umlauf bringt, wird mit Verbannung ins Badische bestraft.

Vorwörter!

… Wir können alles. Außer Hochdeutsch …, so warb das Ländle jahrelang nicht eben bescheiden – dabei ist Bescheidenheit eine unserer Grundkompetenzen. Aber daraus klingt schon, dass man unsere Sprache andernorts nicht wirklich gewillt ist zu verstehen. Welche Ignoranz. Und bitte, wir reden hier nicht von einem gewöhnlichen Dialekt. Schwäbisch ist eine eigenständige Sprache. Und was für eine! Schwäbisch ist wie Latein, nur die Gebildeten sprechen es: Schiller, Mörike, Einstein, Hegel, Heuss, Späth, Rommel, Kretschmann – *älles Käpsalâ*! Und dennoch gelten die Schwaben im Reigen der anderen deutschen Landsmannschaften als die simplen Tölpel schlechthin. Das fängt schon mit der Geschichte von den Sieben Schwaben an, die sich vor einem scheinbaren Ungeheuer fürchten, das sich letztlich als einfaches *Häsle* herausstellen sollte. Schwäbische Komödianten wie Häberle und Pfleiderer, Hannes und der Bürgermeister, Herr Hämmerle, Dodokay und andere – alle bedienen sich der scheinbaren stereotypen Tolpatschigkeit des Schwaben. Aber das führt uns schon direkt zum Kern des Wesens der Schwaben. Denn letztlich erweist sich diese vordergründige naive Simplizität als *knitze*, schlitzohrige Intellektualität, die den gebildeten Schriftsprechern immer überlegen ist und dem Schwaben (meist sogar materielle) Vorteile bringt. *Ha, so ebbes aber au!*

Schwäbisch gibt es schon seit zweitausend Jahren. Damit ist es rund viermal so alt wie das Lutherdeutsch, das sich im Lauf der vergangenen 500 Jahren zur Standardsprache in Deutschland entwickelt hat. Und Schwäbisch ist mindestens so gutes Hochdeutsch wie die Standardsprache. Wenn also eine hochbezahlte Werbeagentur den Slogan „Wir können alles. Außer Hochdeutsch" entwickelt, dann *isch des au no grottâfalsch*. Hochdeutsch ist die Sprache vom hohen, als vom mittleren und südlichen Deutschland, denn der Norden spricht ja bekanntlich Niederdeutsch. Manche wissen halt nicht, wo oben und unten ist. Aber der Herrgott, der weiß es. Als er die Welt erschuf und die Sprachen an die Völker verteilte, blieb einzig und allein der Schwabe übrig, der traurig am Albtrauf saß und sich beim Herrgott bitter beschwerte, dass der Bayer sein knödeliges Bayrisch, der Kölner sein sprudelndes Kaugummi-Kölsch, der Hesse sein lustiges, mit Zischlauten durchsetztes Hessisch und sogar der Sachse sein kehlig-guttzrakes Sächsisch bekam. Nur er, der Schwabe sei leer ausgegangen und bei der Sprachverteilung vergessen worden. Darauf sagte Gott voller Mitleid: *Nâ schwätzsch halt so wiâ i!* Und damit war *älles gschwätzt*. Er schenkte den Schwaben außer seiner eigenen Sprache zwei Konfessionen und spaltete dadurch das Ländle in *Recht- und Wiaschtglaibige* (siehe auch S. 108). So trug der Herrgott dazu bei, dass sich die Schwaben sogar untereinander in Teilen nicht vollständig verstanden, was im Übrigen nicht an der Sprache lag oder liegt, sondern am Glauben. Das müssen Sie mir einfach glauben.

Apropos Glauben: Schriftsprachenerfinder Martin Luther schrieb: „Wenn ich viel reisen sollte, wollte ich nirgend lieber denn durch Schwaben … ziehen, denn sie sind freundlich und gutwillig, herbergen gerne, gehen Fremden und Wandersleuten entgegen, und thun den Leuten gütlich und gute Ausrichtung um ihr Geld." Charakter, Mentalität und Sprache gehören zusammen und bilden das Wesen, die Eigenart eines Stammes. So hoffe ich, mit diesem Buch dazu beizutragen, dass man uns Schwaben sowohl in unserer Eigenart als auch in unserer Sprache besser verstehen kann. Dabei bemühen wir uns ja redlich nach der Schrift zu sprechen. Nur will es nicht so recht gelingen. Zwei Beispiele: Eine Wirtin aus Reutlingen, die Gäste aus der Bundeshauptstadt hatte, tischte reichlich auf und sagte in bestem Hochdeutsch: „Greifet nur tüchtig zu, mir häben noch mairen tussen!" Zweites Beispiel: Ein Bauer und sein Sohn waren einst mit dem Ladewagen und zwei Gäulen unterwegs hinunter von der Alb. Um etwas „studierter" daherzureden übten sie sich in der Schriftsprache. Als sie an eine Gefällstrecke (*Stoig*) kamen, entwickelte sich folgender Dialog: „Mein Vater, soll ich miggen (bremsen)?" „Nein, mein Sohn, du kannst ihn sauen lauen. Wir sind gleich honnen donnen". Gerne gehört ist auch der Satz, den der Lehrherr seinem schriftsprachlichen Auszubildenden nach dem Fegen des Hofes zurief: „Du kannscht den Besen dort an die Wand leinen!"

Der Herrgott segnet uns Schwaben nicht nur mit „seiner" Sprache, er schenkt uns erfreulicherweise auch mehr Laute, als in der Schriftsprache zu erfassen sind. Schwäbisch hat deutlich mehr Monophthonge und Diphthonge, dazuhin eine erhebliche Anzahl an Nasallauten und Schwa-Lauten, die weit über das vergleichsweise geringe Inventar der deutschen Schriftsprache hinausgehen. Die 26 Buchstaben des Alphabets reichen *hendâ ond vornâ* nicht aus, um der schwäbischen Sprache in der Schrift auch nur annähernd gerecht zu werden. Die Besonderheit des Schwäbischen sind seine Nasallaute – *feine Nāsâtö'* hat sie Sebastian Blau genannt. Jetzt muss man sie nur noch verstehen können, die *feine Nāsâtö'*. Dazu soll dieses Buch beitragen. Denn für Außer-Schwäbische ist es kompliziert: Gehen heißt im Schwäbischen *laufâ*. Laufen hingegen heißt *sprengâ*. Springen aber nennt man *hopfâ*. Hüpfen wiederum heißt entweder *hopsâ* oder *juckâ*! Und es gibt zu allem Übel auch noch jede Menge örtlich verschiedener Variationen von Schwäbisch, die sich zum Teil erheblich unterscheiden. Während man in Stuttgart *gwesa*, oben auf *de Fildrâ* aber schon *gwää* sagt, spricht man, sich die B 27 sprachlich weiter entlanghangelnd, hinter Balingen schon ein *gsei* und ein Stückle weiter *donna* in Richtung *Tuttlinga* schon ein *gsi*. Jeder Flecken hat halt so seine mundartlichen Eigenheiten. Und wer sich gut auskennt, kann schon an dem Wörtlein „nicht" erkennen, woher sein Gegenüber kommt. Denn der kann *ned, neddâ, ed, eddâ, iddâ, it oder nit* sagen. Da soll noch einer durchblicken ...

Oft werden Sie deshalb bei der Lektüre dieses Buches sagen: *Bei ons hoißt des aber andersch*, oder *Bei aos hoaßt des anderscht!* Oder *Bei oos saet ma do irbrhaupt ganz anderschd!* Ich bin mir der regionalen Unterschiede vollkommen bewusst. Aber irgendwie muss ich ja die Beispiele aufschreiben. Deshalb habe ich mal *selle* und mal *a andre* Version benützt. Jeder hält sein eigenes Schwäbisch für das einzig richtige. Der Calwer, der Ravensburger, der Ellwanger, der Tübinger oder der Blaubeurer. Nur in einem sind sich alle einig: *Dia Stuegerter kennat's net!*

Nun, geneigte Lesende, taucht ein in die Tiefen der schwäbischen Seele und dieser wundervollen Sprache und versucht uns zu verstehen, sprachlich wie emotional. Wir haben es verdient. Der Schwabe gilt bei den einen als gutmütig, fleißig, sparsam und clever, geschäftstüchtig und liberal. Andere allerdings kennzeichnen ihn als fantasieloses Wesen, das mit kleinbürgerlicher Kleinkariertheit die korrekte Ausführung der Kehrwoche überwacht und dessen Maulfaulheit allenfalls noch durch seinen Geiz oder seine grenzenlose Arbeitswut übertroffen wird. *Boides stemmt, aber et bloß!* Nun liebe Lesende, lest, versteht und urteilt selbst.

Adé ond xond!

Wulf Wager
Neujahr 2021

Für die schwäbische Diktion gibt es keine allgemein gültigen Regeln. Der Einfachheit halber bezeichne ich aber einige Vokale besonders:

â = ein kurzer zwischen a und e angesiedelter und im Gegensatz zum a im vorderen Bereich des fast geschlossenen Mundes gesprochen. Dabei gehen die Mundwinkel deutlich Richtung Ohren. >> *guggâ, schwätzâ*

å = ein Vokal zwischen o und a, lang gesprochen, wie im Dänischen >> *Schlåf, Schåf, Ståß, Fråg*

ā = ein hinterer nasaler Laut zwischen a und e, wie beim französischen Parfum >> *o'ägnehm, āgschdrichâ, Mā, nāliegâ*

é = langes, breites e >> *hébâ, mégâ, Béém*

Allmachtsgraddl

{ Arroganz }

Der *Graddl* ist der freie Raum zwischen den gespreizten Beinen. Normalerweise ist er mit der ortsüblichen Männlichkeit bestückt, die sich anatomisch hierzulande kaum von der anderer Völker unterscheidet. Wenn aber einer besonders gespreizt daherkommt, als hätte er ein Bierfässle zwischen den Beinen, und dadurch seinen Stolz und eine ganz spezielle Art von Arroganz zu Tage trägt, hat er einen *Graddl*. Die Steigerung davon ist ein *Jesesgraddl* oder *Allmachtsgraddl*. Man sagt dann: *Der hot en Graddl wia a Rossbollâ uf dr Keenigstroß'!* Oder etwas hintersinniger: *Manch oim seine Oier hend au zwoi Dotter*, oder: *Der moint au, er sei dr Peterleng uf ällnâ Suppâ!* Damit ist alles gesagt.

Mancherorts bezeichnet man solch einen Hagestolz verächtlich meinend auch als *Graddler*. Wenn man eine Aufgabe erfolgreich bewältigt hat, aber fast daran scheiterte, heißt es *I be schier vrgraddld!* Wenn einer verkrampft und etwas von einer Unwucht im Bewegungsablauf getrieben daherstolziert, dann *lauft der â bissle graddlig*.

Âmenäschlupferle

{ Anschmiegsames Wesen }

Scheint der gemeine Schwabe auf den ersten Blick eher grob und derb, so ist er doch auf Freiersfüßen und in Liebesdingen zumindest in der von Glückshormonen umschwebten Anbahnungsphase einer Beziehung gar nicht so unbeholfen, wie man es erwartet, und verbal eher sanftmütig, ja sogar fast zärtlich artikulierend unterwegs. In dieser Phase nennt er – also der männliche Teil einer *Bussasch* – sein *Schätzle* gerne *Âmenäschlupferle*. Im vollkommenen Testosteronrausch lässt er sich schon auch mal zu einem *Oh, Du mei goldigs Âmenäschlupferleondnemmevonmirweggângerle, i mâg de so, dasse schier vrregg!* Einer intensiveren Liebeserklärung ist der Schwabenmann nicht fähig.

Spätestens nach einigen Wochen allerdings kehrt man zurück auf den Boden der schwäbischen Sachlichkeit und des schwäbischen Wohlstandes. Dann wird geklärt, was jeder der beiden Paarteile an *Sach* in die Verbrauchergemeinschaft einbringt. *Liebe vrgoht, aber Sach bleibt Sach!* Mit *Sach* sind Liegenschaften, Bausparverträge und Barschaften gemeint. *Für en armâ Vaddr kâ koiner ebbes, aber für en arma Schwiegervaddr.* Deshalb heißt es Augen auf bei der Partnerwahl:
*Billig vrkaufa ond
schlecht heira käsch äll Däg.*

Bei diesen ersten *Bussaschen* (von Poussieren, den Hof machen) kann es allerdings schon mal vorkommen, dass das *Mädle* vor der Hochzeit schwanger wird.
Die Katholischen sagen dann: *Die isch vor em Kyrie z' Opfer gangâ*, die Evangelischen: *Jetzt hot se â buckligs Schürzle*.
Als die Tochter ihrer Mutter gestand, dass sie schwanger sei, sagte diese: „*Des woiß doch dr Demmscht, dass, wer mit em Zug noch Stuegert will, au en Cannstatt aussteiga kâ!*" Das hätte die Tochter halt vorher wissen sollen. Immerhin weiß sie nun, wie der Coitus interruptus auf Schwäbisch erklärt wird.

Arsch/Ärschle

{ Hinterteil }

Kein Ausdruck im Schwäbischen hat eine kraftvolle und intensivere Bedeutung als *Arsch*. Der Ausdruck *Leck mi am Arsch!* kann sowohl despektierlich abwertend, als auch erstaunt oder anerkennend gemeint sein. Ein einfaches *Leck mi am Arsch* ist eine Beleidigung. Oft kennzeichnet der Ausspruch das Ende eines Diskurses, der mit dem Abgang des Aussprechenden verbunden ist. Keinesfalls erwartet der sich Äußernde vom Angesprochenen der Aufforderung nachzukommen.

Ha, jetzt leck me no am Arsch! hingegen kann entweder der freudige Ausdruck eines zufälligen Wiedertreffens mit einer Person sein, der man lange nicht begegnet ist, oder das sehr anerkennende Lob für eine besondere, nicht erwartete Leistung oder Tat. Ein literarisches Denkmal setzte dem im Schwabenland häufig verwendeten Spruch Johann Wolfgang von Goethe im dritten Aufzug seines 1774 uraufgeführten Schauspiels „Götz von Berlichingen" mit dem berühmten „Götz-Zitat": „Er aber, sag's ihm, er kann mich im Arsche lecken!" Auch der Schwabensohn Wolfgang Amadeus Mozart griff den Schwäbischen Gruß mit dem Kanon „Leck mich im Arsch" KV 231 (1782) auf. Geht man ansonsten leichtfertig mit der Bezeichnung Arsch um, ist die schlimmste aller schwäbischen Beschimpfungen *Du Arschloch, du krommbogâs!*

Der Arsch ist aber auch in anderen Bezügen bedeutungsvoll. Ein *Lahmarsch* ist einer, der nicht in die Pötte kommt und deutlich zu langsam in was auch immer ist. *Mach noarâ, wenn de woisch, dass de langsam bisch, du Lahmarsch!* Die zärtlich anerkennende Verkleinerung ist das *Ärschle*. Damit wird zärtlich das Hinterteil einer jungen Frau oder eines – meist weiblichen – Kindes gemeint, das deswegen auch zärtlich *Scheißerle* genannt wird. Die Bedeutung ist zweifelsohne zärtlich und keineswegs fäkal gemeint. Der Schwabe kann halt *net andersch als â bissle grob*. Deshalb heißt es auch *Arsch auf dâ Disch!* Wenn einer endlich auf den Punkt kommen soll.

Ganz im Gegensatz dazu steht das *Arschbackâgsicht* oder der *Arsch mit Ohra*. Das hört sich nun wirklich abwertend an und wenn das jemand zu Ihnen sagt, dann ist das auch so gemeint. Das sollte Ihnen dann allerdings *am Arsch vorbeigangâ*.

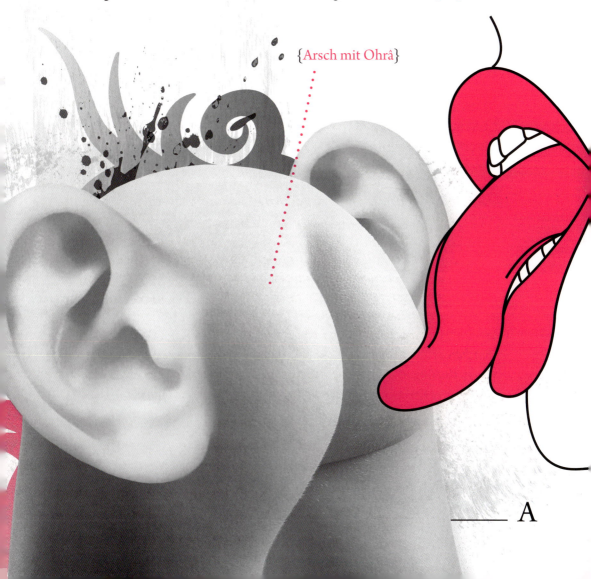

{Arsch mit Ohrâ}

A

Bäsâwirtschaft

{ Straußenwirtschaft }

Karl der Große – offenbar ein Weinfreund – verfügte im Jahr 791 per Erlass, dass die Weinbauern auch ohne Schankkonzession ihren Wein direkt an durstige Zecher verkaufen durften. Zur Kennzeichnung eines solchen Ausschanks sollten sie einen Reisigbesen an das Haus hängen. Das ist auch heute noch so. Besenwirtschaften sind ein fester Bestandteil der schwäbischen Weinkultur und Lebensart, zumindest in den vom Herrgott bevorzugten Regionen Württembergs, in denen der Weinbau daheim ist. Bis zu vier Monate im Jahr darf der *Wengerter* öffnen. Die Anzahl der Sitzplätze ist begrenzt – aber es findet sich auf unerfindliche Weise auch bei Überfüllung immer noch irgendwo ein Plätzchen. Bei Bedarf wird einfach *zammâgruckt*. Was man in der Straßenbahn Überfüllung nennt, ist im *Bäsâ* Gemütlichkeit.
Mr ka au ohne Alkohol luschtig sei, aber heut gang i auf Nummer sicher, heißt es dann. Es werden einfache Alltagsweine getrunken, bevorzugt Trollinger, der *oim ogstraift am Zäpfle na'lauft* und bestenfalls ein *Schwänzle*, also einen Abgang besitzt, der den Gaumen immer noch am Schmunzeln hält, wenn der Wein bereits den Magen erreicht hat. vorher heißt es dann: *Pass auf, Gürgele, jetzt kommt â Pflatschreagâ!*

>>>

Im Land der Kehrwoche muss man halt auch mal den Magen *nass rauswischâ*. Man sitzt Arsch an Arsch (siehe S. 14), transpiriert gemeinsam, duzt sich über alle sozialen Grenzen hinweg, auch wenn man sich nicht kennt. Daraus folgende Liebeserklärungen, Treueschwüre, Arbeitsverträge oder Heiratsanträge sind am Folgetag des Besenbesuchs automatisch ungültig. Neben hauseigenen Weinen dürfen im Besen nur kalte oder einfache warme Speisen angeboten werden – eben die typischen Vespergerichte. *Griabâschmalzbrot*, *Luggeleskäsbrot* oder Schlachtplatte, also Sauerkraut mit *Läberwurscht*, *Blonzâ* (Blutwurst) und geräuchertem Schweinebauch sind hier exemplarisch zu nennen. Bier zu verkaufen wäre eine Todsünde. Bier zu bestellen übrigens auch. Der Verzehr wird auf einem *Bappâdeckele* per analog gemaltem Geheimcode notiert und ist vor Verlassen der Lokalität zu in bar (oldstyle!) zu bezahlen. Die Melange von deftigem Essen und einigen Viertele Wein sorgt allerdings für eine folgende erhebliche Verdauungsthematik, weshalb sich rechtzeitiges Verlassen der Besenwirtschaft empfiehlt
(siehe auch *pfuuzgâ*, S. 82).

Üblich ist auch das schwäbische Schorle, bei dem der Wein am Abend, der Sprudel aber erst am nächsten Morgen getrunken wird. Wenn einen der Arzt beim Check fragt, was man eher aufzugeben gedenke, den Wein oder die Frauen, dann antwortet der *knitze* (siehe S. 68) Schwabe, es käme auf den Jahrgang an.

Ein Schwabe bestellt in einer Besenwirtschaft ein Viertele Trollinger. Er setzt zum Trinken an, setzt aber kurz vorher wieder ab. Dies wiederholt sich drei Mal. Ein anderer sieht das und fragt ihn,
wieso er denn nicht trinke? Der Besenhocker antwortet:
Wissat Se, i trink so gern â Viertele, aber jedsmol, wenn i trenkâ will, lauft mir 's Wasser em Maul zammâ, ond i mog doch koi Schorle.

Auf dem Nachhauseweg stürzt ein Besenbesucher infolge durch übermäßigen Alkoholgenuss verursachter Körperkoordinationsschwierigkeiten. Ein anderer eilt herbei und fragt, ob er etwas gebrochen habe.
Darauf der Zecher: *I han nix brochâ, des kommt erscht no!*

B

BAHWÄRTERSTÄFELÂ

{ Segelohren }

Die schwäbische Physiognomie verdient eine eigene Betrachtung, denn nahezu jedes außenliegende Körperteil hat eine Bezeichnung.
Der Schwabe ist im Regelfall von gedrungener Gestalt, mehr breit als hoch – quaderförmig, quadratisch, praktisch, gut. In manchen Gegenden der Schwäbischen Alb, genauer gesagt der Ostalb, erreicht der Körper sogar Kugelform. Darauf ruht ein quaderförmiger Kopf, auch *Meggl, Riebl, Grend* oder *Déétz* genannt. Am häufigsten ist die Bezeichnung *Riebelesgrend*.
Der vorgeschobene Unterkiefer ist die sogenannte Trollinger-Lade. Diese erfüllt im Wesentlichen drei Funktionen:
1. damit beim Viertelesschlotzen nichts daneben geht. Der Schwabe ist ein Wirkungstrinker. *En halber Ballâ isch nausgeschmissâs Geld.*
2. er dient dem Sprechen des hier ortüblichen Dialekts: *Schissl, Stroßâboh, Ondrleib, Zwetschgâgsälz* und
3. dient er der Zuchtwahl, denn während der schwäbische Mann am vorgeschobenen Unterkiefer zu erkennen ist, erkennt man die Schwabenfrau an dem meist beleidigt zurückgezogenen Unterkiefer, der sogenannten *Schnättergosch*. Trollingerlade und *Schnättergosch* passen hervorragend anatomisch auf- und ineinander, und so erkennen sich der Schwabe und die Schwäbin bereits beim ersten Kuss im Dunkeln. Das ist auch der Grund, warum die Schwaben bis heute nicht ausgestorben sind.

Ansonsten gibt es am *Grend* die ortsüblichen Organe: Da sind die Ohren, *Aorâ* oder im Falle besonders großer, abstehender Ohren *Bahwärterstäfela* genannt, die Augen, *Glotzerle* oder *Glotzbbebbel* genannt, und mittendrin die Nase, die hierzuland mit *Zenkâ*, *Riasl* oder *Bräschtleng* bezeichnet wird. Das Gegenteil zum überdimensionalen *Zenkâ* ist das meist beim weiblichen Geschlecht anzutreffende *Stupsnäsle* oder *Hemmlfahrtsnäsle*.
Der Mund ist die *Gosch* oder zärtlich das *Göschle*. Die Zunge ist der *Wäschlappâ* oder *Lappâ*. Hingegen ist der Ausdruck: *Mir hend se dâ Lappâ gnommâ!* von ganz anderer Bedeutung. Damit wird meist das Bedauern über den Entzug des Führerscheins zum Ausdruck gebracht.
Auf dem *Grend* ischt das *Hoor*! Das wird im Laufe der Jahre immer etwas weniger, dafür gibt es gleichzeitig verstärkt auftretenden buschigen Haarwuchs in *de Aorâ*, auf *em Zenkâ* und auf *de Schultrâ*. Bei den bereits erwähnten Indigenen auf der Ostalb oft sogar strauchartig. Häufig kommt es vor, dass das Haar im Laufe der Jahre tiefer wandert in die südlichen Regionen des Körpers – das sogenannte Migrationshaar. Daher kommt auch das schwäbische Sprichwort:
En Mā, der viele Frauâ kennt, hot Hoor am Sack ond net am Grend!
Der Schwabe hat fast keinen Hals. Er hat vorne nur das *Gürgele* und hinten den *Kragâ*, die *Ankâ* oder das *Gnack*. Er hat auch keinen Rücken, sondern *Buggl ond Kreiz*.
Nicht zu verwechseln mit dem Badener, denn der hat kein *Kreiz*, also kein Rückgrat. Wenn der einen Furz lässt, dann lupft es ihm jedes Mal den Hut. Der Bauch ist der *Ranzâ*. Und weiter unten, im *Graddl* (siehe S. 10) ist beim Schwaben eine eher verkehrsberuhigte Zone anzutreffen, auch Ground Zero genannt. Manchmal heißt es hier auch kurz: *BZB – Bloß zom Bronzâ*! Sie ahnen es schon, hier geht es um ein elementares Körperteil: Es ist das *Spitzle* (bei Knaben) oder der *Seggl* (bei Männern). Andere Begrifflichkeiten für die männlichen primären Geschlechtsorgane sind *Zipfl* oder *Zäbedäus*, manchmal auch zärtlich *Schnäpperle*. Der schwäbische Appendix, die Verkleinerungsform „le" ist hier allerdings völlig unangebracht.
Mit *Fiaß* bezeichnet man im Ländle den gesamten Bereich von den Zehen (*Zaihâ*) bis zur Hüfte. Beine hat der Schwabe üblicherweise nicht. Deshalb sagt der Schwabe auch *I han en Wadâkrampf em Fuaß*. Bei kräftigen Frauen werden die Beine dann zärtlich *Saustallpfoschtâ* oder *Krautstampfer* genannt. Zwischen den Beinen liegt bei der Schwä-

bin schamhaft versteckt die *Zwetschg'* oder das *Schneggle*. Weitere eher weibliche Geschlechtsmerkmale sind die Brüste, *Herzer* oder *Schoppâ* genannt. Eine Frau mit Brüsten mindestens in der Körbchengröße DD und entsprechender Unterbrustweite nennt man eine *Schoppâ-Lina*.

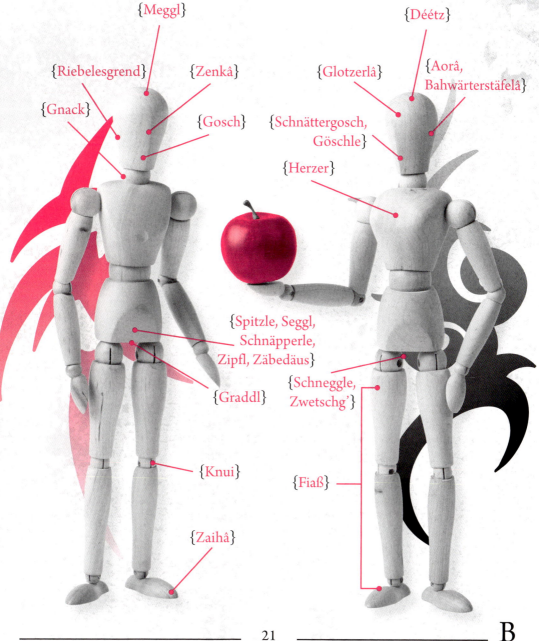

Bäsle

{ Cousine }

Verwandtschaftsverhältnisse sind mitunter kompliziert, und das nicht nur im Schwäbischen – und nicht erst, seit es Patchworkfamilien und das dritte Geschlecht gibt. Fangen wir aber zunächst einfach an und stellen Sie, geneigte(r) Lesende(r), in den Mittelpunkt des Geschehens. Die Eltern sind *Vaddr ond Muddr*, das erklärt sich von selbst. Deren Eltern, also die Großeltern, sind etwa auf den Fildern *Ahnâ ond Ähne* oder auf der Alb *Naanâ ond Nééle*. Die Taufpatin ist die *Dote*. Die lebt aber meist noch. Der sonderbare Begriff leitet sich vom lateinischen „Dotare" = geben ab, womit klar ist, was von einer *Dote* oder *Gottâ* in der Regel erwartet wird. *Mir isch lieber â Onkl wo ebbes brengt, wia â Tante, mo Klavier spielt!* Der Ehemann der *Dote* ist der *Dotâveddr*. Der Patenonkel hingegen ist der *Deede*, *Döde* oder *Gette*. Dessen Angetraute ist die *Deedlesbas*. Die Kinder der Onkel und Tanten sind *Vetter* und *Bäsle*. Aus der Sicht der Eltern sind die Nichten und Neffen *gschwischtrige Kendr*, also Kinder derer Geschwister. Großneffen und Großnichten sind dann logischerweise *gschwischtrige Kendskender*. Die *Söhnere* ist die Schwiegertochter und der *Eidam* oder *Tochtermâ* der Schwiegersohn. Wenn sich die Verwandtschaftsverhältnisse einmal nur schwer erklären lassen, sagt man entweder *Ha, des isch â gschwischdrigs Kend zur Stuagerder Stråhsâbååh!* oder *Des ischt Gschwischtrigskendskuahkälble!*

Beißzang

{ Schwiegermutter }

Mit den Schwiegermüttern ist es so: Entweder man liebt sie oder man hasst sie. Dazwischen gibt es nichts. *Seit i mei Schwiegermutter kenn, woiß i, was Mitgift ischt.* Da kann man nichts machen, man bekommt sie familiär einfach mitgeliefert.

Mei Schwiegermuadr isch an Engel!
Awa? Meine lebt no.

Viele Schwiegermütter werden als *Beißzang, Ripp oder Schendmär* bezeichnet. Und bei vielen passt das auch, denn sie sind *bodâbais*. Hier ist es umgekehrt wie bei einer Zigarette. Bei einer Zigarette ist der erste Zug der beste, bei einer Schwiegermutter der letzte. Ein Schwabe würde sich deshalb niemals der Bigamie schuldig machen, denn die Strafe dafür wäre, zwei Schwiegermütter zu haben.
Mi ond mein baisâ Hond mag neamrd. Aber mir send halt au drnoch.
Es gibt aber auch Schwiegermütter, die sind *Goldstücklâ*, die können zum Beispiel fantastisch kochen oder backen.
Das nimmt ein Schwiegersohn gerne als Dreingabe an.

Ond mei Schwiegrmuadr, des alt Schendrluadr,
kochât Dampfnudla nemme guat.
Wenn se sterbâ dät, wenn'e erbâ dät,
wärât Dampfnudla wiedr guat.

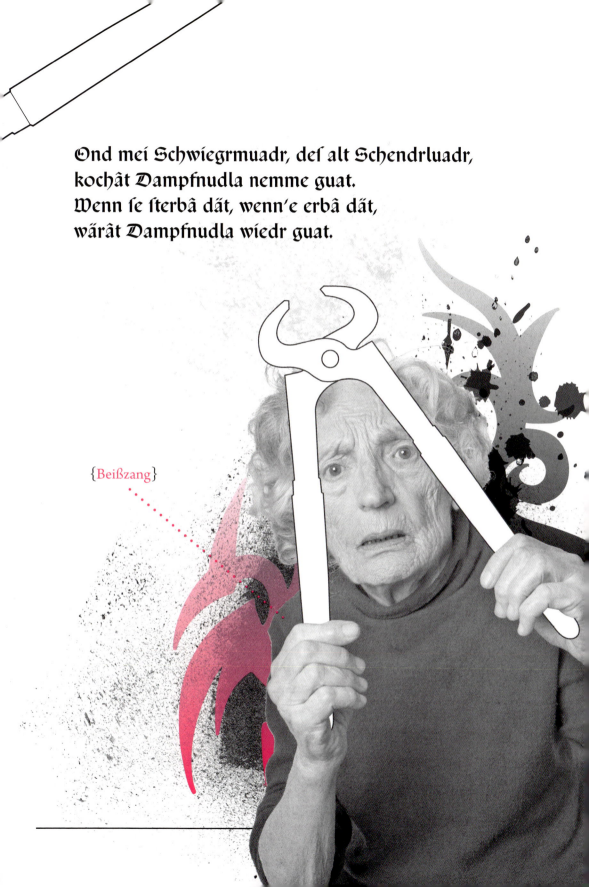

{Beißzang}

BRÄSCHTLENG

{ Erdbeere/Knollennase }

Schon der große Goethe ließ seinen Reineke Fuchs sagen: „Lasst uns nach Schwaben entfliehen! Es findet süße Speise sich da und alles Guten die Fülle; Hühner, Gänse, Hasen, Kaninchen und Zucker und Datteln …" Aha! Goethe wähnte allhier das Schlaraffenland! Das stimmt so natürlich nicht, denn vor allem Alt-Württemberg war ein Armenhaus und brachte hauptsächlich raue und einfache Kost hervor. *Bei ons kommat d' Mäus mit vrheulte Auga aus der Speis'kammr!* Heute, im Zeitalter des Überflusses, sind diese einfachen Gerichte, die der Mangel hervorbrachte, regionale Spezialitäten: *Dinnete, Habermuas, brennt's Muas, saure Kuttlâ, Deiâ* und die vielen Fruchtaufstriche, die man auf ein gutes Brot gibt. Aus Erdbeeren macht man *Bräschtlengsgsälz. Träublesgsälz* wird nicht etwa aus Trauben, sondern aus Johannisbeeren hergestellt. Köstlich! Da gibt es *schwarze Träublâ* und *raote Träublâ*. Auch das *Hägâmark*, ein Aufstrich aus Hagebutten erlebt neue Beachtung, ist die *Häge* doch ein fantastischer Vitamin C-Lieferant. Übrigens, die Bezeichnung *Bräschtleng* muss auch noch für etwas anderes, Hervorstechendes herhalten: die Knollennase.
Aus den harten Quitten der Streuobstwiesen kann man ebenfalls eine süße Leckerei herstellen. Die füllt man dann in ein *Quittâgsälzhäfele*. Hier darf man ausnahmsweise das Wort *Häfele* in einem genießerischen Zusammenhang verwenden.

Denn das *Häfele* ist ein Gefäß, auf dem Kleinkinder sitzen um das kleine und große *Gschäft* zu erlernen, bis sie groß genug sind, auf da *Abé*, beziehungsweise auf *da Klo* zu sitzen. Mahlzeit!

{Bräschtleng}

B

Brezg/Bräddsl

{ Laugenbrezel }

Die *Bräddslâ, Brezgâ oder Brezzâdâ* sind ohne Zweifel das wichtigste Gebäck im Ländle. Keiner kann einer ofenfrischen *Bräddsl* widerstehen. Allein der Duft ist betörend. Sie zu riechen und nicht essen zu dürfen, ist von der UN-Menschenrechtscharta als Foltermethode anerkannt und deshalb streng verboten. Die *Bräddsl* wird zum Kaffee genossen, wie auch zum Trollinger. Eigentlich zu jeder Uhrzeit. Morgens, mittags, nachmittags, abends und gerne auch als Mitternachtssnack – nur frisch muss sie sein und *réésch*. Sie eignet sich als Unterlage für Süßes (z. B. *Gsälz*) und Salziges (z. B. *Läbrwurscht*), oder als Beigabe zum Beispiel zu einem *Rädle Wurscht*. Am besten mundet sie aber frugal mit einer dicken Schicht *Buddr*. Dieses schlangengleich geschwungene, in Lauge gebadete Gebäck mit den knusprigen *Ärmlâ* und dem geschlitzten hellen und von grobem Salz gekrönten Bauch, hat nichts mit dem *dalgigâ* harten, gummiartigen bayrischen Teigling zu tun, das die süd-östlichen Nachbarn arglos zur Weißwurst *zuzlât*.

Ursprünglich war die Brezel ein Fastengebäck, das die Demutsgebärde der Mönche nachahmte. Im Althochdeutschen nannte man sie „bretzitella". Daraus entwickelt sich dann im Mittelhochdeutschen die Brezel. „Bretzitella", da steckt schon ein Genuss drin, der vor allem Kinder begeistert: *Bräddsl* mit Nutella. Etwas Göttlicheres gibt es für Kinder nicht. Tausendfach werden *Bräddslâ* an der Fasnet von den Narren verteilt. Zum Beispiel beim Brezelsegen in Schramberg oder beim Narrensprung in Oberndorf. Tausendfach finden sie auch beim Brezelmarkt in Altenriet und beim *Brezgâmarkt* im Hungerbrunnental bei Gerstetten ihre Liebhaber. Auch Bürgermeister verwenden die *Bräddsl* gerne bei Empfängen – swabian fingerfood. Hier unterscheiden sich die regionalen Gegebenheiten, je nach der Fülle des Stadtsäckels deutlich voneinander Es gibt *Bräddslâ mit Buddr*, *halbe Bräddslâ mit Buddr*, *Bräddslâ ohne Buddr* und Stuttgarter *Bräddslâ*. Das sind halbe Brezeln ohne Butter. *Tja, von de Stuegerter ka ma 's Spara lernâ*. Der ehemalige Stuttgarter OB Manfred Rommel dichtete deshalb:

Des Schwaben Klugheit ist kein Rätsel.
Die Lösung heißt: Die Laugenbrezel!
Schon trocken gibt dem Hirn sie Kraft.
Mit Butter wirkt sie fabelhaft.
Erleuchtet mit der Weisheit Fackel
den Verstand vom größten Dackel.

Eine ganz andere Bedeutung hat das Verb *bräddselt. Da Jimmy hot 's en dr Stoig bräddselt!* Hier ist der Angesprochene mit dem Motorrad am Albaufstieg gestürzt. *Der lässt's aber ganz schee bräddslâ* sagt man, wenn einer mit einem stark motorisierten Gerät schneller fährt, als die Polizei erlaubt.

B

Daggl
{ Geistig Minderbemittelter }

Eigentlich müsste das Schwabenland den Hund als Wappentier führen. Denn kaum ein anderes Wort wird hierzuland häufiger verwendet als der *Daggl*. Damit meint man einen ziemlich dummen, bescheuerten und zumindest im Einzelfall recht vertrottelten Mitmenschen. Der Gipfel der Gemeinheit aber ist, dass die Steigerung von *Daggl* nicht etwa der *Riesendaggl*, sondern der *Halbdaggl* ist. *Halbdaggl* kolportiert, dass der Angesprochene zu dumm ist, um ein *Daggl* zu sein. Das mag der Schwabe nicht gerne hören, denn als Angehöriger dieses Stammes macht man keine halben Sachen. Das beschädigt seine Ehre in höchstem Maße.
Also: *Uffpassâ*!
Weitere Verunglimpfungen spezifischer Art sind der *Grasdaggl*, der *Erzdaggl*, der *Allmachtsdaggl* (*Muasch Du emmr da Daggl macha?*) und schließlich der *Granatâdaggl* und der *Saudaggl* (*Dem hend se ens Hirn gschissa ond vrgessa omzomriahra*).
Milder sind die Adjektive *daggelig*, *daggelhaft*, das Verb *daggla* (= sich abschaffen), und schließlich das meist für weibliche oder jüngere Menschen Verwendung findende *Daggele*. Der *Langhaardaggl* ist ein Relikt aus den 1960er/70er-Jahren, als langhaartragende Männer in Mode kamen. Die schrien den Kritikern entgegen: *Dr Herr Jesus hot au lange Hoor ghet!* Heute gilt jemand mit dieser Frisur als aus der Zeit gefallen.

Drallewatsch, Dilledapp, Dubbl

{ Tölpel, ungeschickte Person, einfältiger Mensch }

Schwaben sind ja für ihren Erfindergeist und ihre technischen Fertigkeiten weltbekannt. Nicht von ungefähr sind hier wichtigste Errungenschaften der Technik ausgetüftelt worden. Der Schorndorfer Gottlieb Daimler hat 1886 das erste Auto in Cannstatt gebaut. Auch der BH wurde in Cannstatt erfunden. Das Klopapier von der Rolle stammt aus dem Remstal. Die zündende Idee zum Streichholz hatte der Ludwigsburger Jakob Friedrich Kammerer. Er produzierte das *Schwäbele* (von Schwefelholz) erstmals im großen Stil. Die erste Motorsäge wurde 1926 von Andreas Stihl gebaut. Auch der Dübel wurde vom findigen Schwaben Artur Fischer entwickelt. Den ersten Teebeutel in der heutigen Form hat Adolf Rambold 1929 das erste Mal ziehen lassen. Vom genialen, in Ulm geborenen Albert Einstein fangen wir gar nicht erst an. Aber das Gesetz der Dualität erfordert, dass es als Ausgleich zu den bedeutenden *Cleverle* und *Käpsele* auch weniger geschickte Menschen gibt, die sich *dubbelig* oder *dabbich*, also ungeschlacht anstellen. *Bachel*, *Daggl* oder *Drallewatsch* sind das dann.

So gibt es zum Beispiel die Geschichte von einem ungeschickten Friseurlehrling, einem richtigen Drallewatsch, der erstmals einen Kunden rasieren durfte und ihn dabei mit der scharfen Klinge am Ohr verletzte. Verlegen fragte der junge Stift: *Waret Sia schomol bei ons?*
Darauf der Kunde *Noi, mein Arm hân i em Kriag vrlaurâ!*

Es war wohl in der Zeit zwischen den Kriegen, als sich ein Handlungsreisender von jenseits des Weißwurschtäquators in Stuttgart zu einem Barbier begab, um sich rasieren zu lassen. Um den Rasierschaum anzurühren, spuckte der Friseur in eine Schale und schlug mit dem Rasierpinsel Schaum. „Machen Sie das immer so?", wollte der etwas angeekelte Kunde wissen. *Noi, bei de Einheimische spuck i emmer direkt en's Gsicht!.*

{ Mir isch ganz dubbelig }

{ Dir ghert doch dr Dibbl bohrt! }

Fasnet

{ Fastnacht }

Kein Begriff spaltet das Schwabenländle derartig emotional wie die *Fasnet*, jene bunt-verrückten Tage der verkehrten Welt zwischen dem Dreikönigstag und Aschermittwoch. Für die Pietisten ist es *gottvrbottâs Deiflszeig*, für die Katholiken die schönste Zeit des Jahres, an der man sich gegenseitig *à glückselige Fasnet* wünscht. Eine mental-emotionale Annäherung der beiden Bevölkerungsgruppen ist völlig ausgeschlossen. Wie ließ schon weiland Goethe seinen Faust sagen: „Wenn ihr's nicht fühlt, ihr werdet's nicht erjagen, wenn es nicht aus der Seele dringt." Wer diese, noch heute trotz Multi-Kulti-Gesäusel, latent vorhandene Konfessionsgrenze erfahren will, muss nur einmal am *Fasnetsdaischdig* ins evangelische Tübingen gehen, und von dort die fünf Kilometer weiter in das katholische Rottenburg. Der Kulturschock für Betstundengänger könnte nicht größer sein. Ruft einer in Rottenburg *Narri*, schallt's zigfach *Narro* zurück. Macht einer in Tübingen dasselbe, kann es sein, dass er wegen Ruhestörung verhaftet wird.

Hosch Du aber à Gugelfuhr (nach der Gugel, der schellenbehangenen Kappe der Narren) oder *Ha, so à Theater/Komeede!*, das spiegelt die Ablehnung des Altwürttembergers gegen das ganze närrische Theater als Ort der Zerstreuung, der leichtfertigen Heiterkeit. Selbst *Ha, so an Lebtag!*, also ein Tag, an dem man lebt, der Lebensfreude nachgeht, ist den evangelischen Schwaben per se höchst zuwider. In der Warnung *No nix narrets* finden wir den Aufruf zur Mäßigung. Bei als zu üppig bedachten Geschenken wird mit *Ha, Du bisch doch narret!* kommentiert, selbst wenn ein kleiner, verschämter Funken der Freude der Seele entspringt. Wenn einer *schafft wia narret*, wird auch das als übertriebene Handlung angesehen. Selbst das Wort Narr wird als Einleitung zu einer Gegenrede verwendet: *Narr, des han i Dir glei gsait!* oder *Narr, dem hätt i d' Moinong geigt!* In den traditionellen Fasnetsorten wird hingegen gefeiert *auf Deifl komm raus* und *danzt wia dr Lomp am Steckâ*. Während hier das Eigenschaftswort *narret* auch in positiver Bedeutung des Narrenlaufens während der Fasnet verstanden wird, bedeutet es in den übrigen Gebieten eher Zorn/Ärger oder auch verrückt sein. In den traditionellen Fasnetsorten wird hingegen nichts so sehnsüchtig erwartet wie die *scheenschte Däg* zwischen *Schmotzigâ Daoschdeg* und *Äschermittwoch*. Dann zieht man das *Fasnets-Häs* an, hängt sich das *Gschell* um, setzt die Larve vor's *Gsiicht*, *goht ge maschgerâ* und isst die im Schmalz gebackenen *Fasnetskiachlâ*.

FETZ

{ Schlawiner, Schlitzohr }

Ein durchaus anerkennender Ausdruck für einen Lausbuben oder jungen Mann ist der *Fetz*. Das ist ein Spitzbube, der sich haarscharf am Rand der Illegalität den Respekt seines Umfeldes durch ungewöhnliche Taten verschafft. Er ist ein Hans Dampf in allen Gassen, ein Tausendsassa, ein Allerweltskerl, der sich Dinge traut, über die andere nur den Kopf schütteln. Auch bei der Steigerung *Jesesfetz*, *Granatâfetz* oder *Heilandsfetz* schwingt in ihm immer noch die Anerkennung mit.
Es gibt den *Fetz* aber auch in negativer Diktion als Lump, Verschwender oder gar Säufer.
Ein *Fetz* oder *Fetzâ* kann auch ein Stück abgerissenen Stoffs, Leders oder Fleisches sein. *Der hot aber â Fetzâhäs ā*. Ein *Fetzâberger* ist ein kleiner, in Wirklichkeit ungefährlicher Gauner und Betrüger. Ein *Fetzârausch* ist das Ergebnis eines sehr vergnüglichen alkoholischen Abends, ein sogenannter *Affâ*, der sich über Nacht einer tierischen Wandlung unterzieht und am folgenden Morgen zu einem Kater mutiert.
Und dann kann es auch noch passieren, dass *es schneit, dass Fetzâ geit*.

Floischkiachle

{ Frikadelle }

Liebe geht durch den Magen – besonders bei den Schwaben. Eine der wildesten Liebeserklärungen eines Schwaben ist: *Woisch, was i an Dir so mâg? Deine guade Floischkiachlâ!* **Damit** *isch älles gschwätzt.* Diese wunderbare, unvergleichliche Kombination aus zwei köstlichen Substantiven, die essenziell für Schwaben sind, *Floisch* und *Kiachle*, setzt schon beim Sprechen oder Hören dieses Zauberwortes dem Pawlow'schen Reflex entsprechend reichlich Speichelfluss in Gang. *Floischkiachlâ* müssen in einer Soße baden und von einem *schlonzigen Grombirâsalat* (Kartoffelsalat), der beim Umrühren *mit oim schwätzt*, umkränzt sein. *Des muaß gnauzgâ.* Dann ist das schwäbische Manna perfekt und die vollkommene Glückseligkeit beim Esser kann eintreten. *An Schwob muaß äwwl nass fuadrâ*, was bedeutet, dass ohne *Soß'* nichts geht, nicht beim *Sonndichsbrotâ*, nicht beim *Zwiebelroschtbrotâ*, nicht bei den *Spätzlâ*, nicht bei den *Kuttlâ* (geschnittene Frotteehandtücher, die im sauren *Trollingerseeßle* baden), nicht beim *Wurschtsalad*, der in essigsaurer Soße schwimmen muss, und schon garnicht bei den *Floischkiachlâ*, die von einer dunklen Bratensoße umflossen sein müssen. Das unterscheidet übrigens *schwäbische Floischkiachlâ* auch von Berliner Buletten und bajuwarischen Fleischpflanzerln. Deren Hersteller müssen zudem Bäcker sein, und keine Metzger.

Merke: Schwaben sind Nass-Esser, alles muss in einer *Briah* oder einem *Seeßle aidongd* oder *aibroggeld* werden. Der Rest an Bratensoße wird gerne mit einem Stück Brot aufgesaugt. Sie wird zudem mit dem Kartoffelsalat vermischt genossen. Das sieht dann zwar optisch äußerst fragwürdig aus, schmeckt aber unvergleichlich gut.

Der Pfarrer fragt den kleinen Buben im Religionsunterricht: „Na, betet ihr zuhause auch immer vor dem Essen?"
Noi, mei Mâmmâ ka kochâ!

18

Gemmelich

{ sexuell erregt }

Schwaben sind in der *Errodigg* die *reinschte Teifl*.
I ka emmer zwoimol hendranandr – oimol em Sommer, oimol em Wendr!
Dass die schwäbische Sexualität schon vor 40 000 Jahren eine bedeutende Rolle spielte, bezeugt die „Venus vom Hohle Fels". Sie ist die älteste von Menschenhand geschaffene Figur und zeigt eine stark übergewichtige Frau mit riesigen Brüsten und einer ebenso überdimensionierten Vulva. Der Kopf hingegen ist unproportional klein. Da kann man mal sehen, auf was es den Urschwaben seinerzeit ankam …
Niemals, gar nie nicht würde ein Schwabe sagen: „Ich liebe Dich!", sowas Gestelztes würde ihm never ever über die Lippen kommen. Das Maximale ist: *I mag de*, oder *Dädesch Du mi meegâ, im Fall dass i Di meega dät?*
Der Schwabe bedient sich halt einfach gern der Rückversicherung.
Wenn's einen *pupfert*, wenn er *rallig*, *gemmelig* oder *rattig* ist, dann ist ein einfacher Einstieg in das vorsichtige Anbahnen einer Liebesbeziehung:
Moinscht, d' magscht Moscht? Moinscht, no magscht au mi?
Etwas brachial-morbider fordert der *glüschtige* Schwabenmann sein weibliches Pendant zum Reproduktionsakt mit den Worten auf:
Leg De nã, i glaub, i liab De!
Anregen kann der Schwabenmann den Akt, über den Vollzug entscheidet aber immer die Schwabenfrau. *Hosch me? Me too!*

19

{ Stecknadeln oder Sicherheitsnadeln }

Eine *Gluuf* ist eigentlich eine Stecknadel. *A Gosch voll Gluufâ* hat der Schneider, wenn er ein Kleidungsstück absteckt. Der eigentliche Aufbewahrungsort für die *Gluufâ* ist aber die *Gluufâbix* oder ein *Gluufâkissele*. *Des isch besser als â Dasch voll Gsälz oder â Gosch voll Gluufâ!* ist ein Ausruf höchster Begeisterung für das, was sich dem Begeisterten auf dem Teller bietet und seinen Gaumen verwöhnt. Wenn es nur eine kleine Portion ist, spricht man von einem *Magâträtzerle oder Magâfopperle.* Hier herrscht die Erwartung vor, dass anschließend noch eine ordentliche Portion der Hauptspeise gereicht wird. Mit der Erfindung der Sicherheitsnadel ist der Begriff *Gluuf* auf sie übergegangen. Der *Gluufâmichl* ist ein kleinlicher, übergenauer Mensch, der auch um so etwas Wertloses wie eine Stecknadel ein Mordsgehabe macht. Solch toxische Menschen werden nicht gerne im persönlichen Umfeld gesehen.

{Gluufâmichl}

Gscheidle

{ Neunmalkluger, Besserwisser }

Württemberg ist arm an Rohstoffen, aber gesegnet an Geistesvermögen. Das hat seinen Grund: 1559 hat Herzog Christoph von Württemberg die allgemeine Schulpflicht eingeführt. Zu einer Zeit also, als in anderen Ländern (zum Beispiel in Baden oder Bayern) gerade mal der Klerus und nur wenige Angehörige des Adels des Lesens und Schreibens kundig waren. Ein paar Jahrhunderte Bildungsvorsprung mussten ja zwangsweise zu so richtungsweisenden Erfindungen wie dem Büstenhalter, dem Verbrennungsmotor und dem Klopapier von der Rolle führen. Das Schwabenländle ist das Land der Tüftler, Erfinder, der Weltmarktführer, der Häuslesbauer und Bausparvertragbesitzer. Punkt!

Ein *Gscheidle* ist durchaus ein gebildeter Mensch. Meist studiert, hat er den Überblick über die allgemeinen Bildungsstandards und einen tiefen Einblick in sein Fach. Richard von Weizsäcker, der im Stuttgarter Neuen Schloss geborene ehemalige Bundespräsident zum Beispiel, ist ein *Gscheidle* gewesen. Auch Manfred Rommel, den langjährigen Stuttgarter Oberbürgermeister, kann man als Beispiel anführen. Die Bezeichnung *Gscheidle* oder gar *Ober-Gscheidle* kann aber auch in negativer, durchaus despektierlicher Weise für jemand verwendet werden, der nur glaubt, besonders gescheit zu sein. *Ha, du Ober-Gescheidle, des woiß i au!*

Für das *Käpsele* gibt es gleich drei Bedeutungen:
a. geschickter Mensch,
b. kastenförmige Kuchenform,
c. Papierstreifen mit Schwarzpulver für Spielzeugpistolen *Käpselespischtol*.

Am gebräuchlichsten ist der Begriff *Käpsele* allerdings für einen pfiffigen, gescheiten oder gar gebildeten Menschen männlichen Geschlechts. Ein Studium ist nicht zwingend notwendig, um ein *Käpsele* zu sein. Intelligenz reicht völlig. Ein *Käpsele* kommt meist schnell auf allgemein unerwartete Lösungen und Ideen. Das trifft auch auf das *Cleverle* zu. Endlich ein Anglizismus, der schwabisiert wurde. Bei ihm ist jedoch auch ein Stück sanfte Verschlagenheit und kühle Berechnung mit im Spiel. Wenn man ein *Cleverle* zum Gegner hat, braucht man selbst auch eine ordentliche Wattzahl in der Birne, sonst geht das Licht im Spiel schnell aus. Ein *Fässle* ist einer, der eine gute, meist unerwartete Leistung abgeliefert hat.

Ha, Du bischt a Fässle!

Ein *Diftele* hingegen ist ein Tüftler, der sich die kompliziertesten Dinge ausdenkt. Gottlieb Daimler, der Erfinder des Verbrennungsmotors, und Robert Bosch, Erfinder der Zündkerze, beispielsweise sind *Diftelâ* gewesen. Wenn einer etwas besonders gut hinbekommen hat, vor allem, wenn andere daran sang- und klanglos gescheitert sind, dann ist das ein *Hauptkerle*, und der kann sowohl männlich als auch weiblich sein. *Gscheidle, Käpsele, Fässle, Cleverle* oder *Diftele* – im Ländle gibt es von jeder Sorte genug davon.

Ha wa, mir send halt Hauptkerle!

{Gscheidle}

G

21

HÉÉBA

{ halten }

Falsche Freunde gibt es im Schwäbischen genug. Damit sind Wörter gemeint, die unterschiedliche Bedeutungen haben. Zum Beispiel: Heben und Haben sind zwei Paar Stiefel, und doch gibt es einen ursächlichen Zusammenhang. *Héébâ* bedeutet im Schwäbischen halten. *Hééb amol dui Loiter*. Es ist also vom Angesprochen nicht gefordert, die Leiter in die Höhe zu heben, sondern sie schlicht und ergreifend festzuhalten, ohne ihre ursprüngliche Position zwingend zu verändern. Sonst würde ja der auf der Leiter stehende *onder Omständ raplotzâ*. Ein Lebensmittel betreffend bedeutet *Des hebt nemme bis näggschd Woch'*, dass hier der sofortige Verzehr angesagt ist, sonst droht *dia woddlige Marie*, *Lochschnädder* oder *Scheißâde*, wie der Dünnpfiff hierzuländle bezeichnet wird.

Wenn der Schwabe allerdings *sei Sach zsâmmâheebt*, dann führt das unweigerlich zum Haben und zum Reichtum, den man gern für sich behält und keinesfalls zur Schau trägt. Wir Schwaben sind bescheiden. Das hat geschichtliche Hintergründe, denn in weiten Teilen Alt-Württembergs herrschte die Realteilung. Das bedeutete, dass der Besitz der Eltern durch die Anzahl der Kinder geteilt und somit immer geringer wurde. Im Vergleich dazu herrschte in Neu-Württemberg, also den ehemals vorderösterreichischen Gebieten Oberschwabens, das Anerbenrecht, das jeweils dem Ältesten alles und den anderen nichts brachte. Und so hält man in den ärmeren Alt-Württembergischen Gebieten *sei Sach zsammâ* und hat geschaut, dass man *gschickt gheiret hot*, also *Sach zom Sach ond Hongerleider zu Hongerleider. Aber bloß net zeigâ, was mr hot, s kennt oiner kommâ, der ebbes wett.*

{ Hééb amol dui Loidr! }

H

22

Hausere

{ Pfarrhaushälterin }

Bei katholischen Pfarrern (Haierle – von Höherem) führt die *Hausere*, also die Haushälterin, den Pfarrhaushalt. Man nennt sie schlicht Zölibatesse. Sie dient dem katholischen Geistlichen. Wozu und wobei, überlasse ich getrost ihren Gedanken. Den Unterschied zwischen einem evangelischen und einem katholischen Pfarrer erkennt man daran, dass in einem evangelischen Pfarrhaus die Windeln im Garten des Pfarrhauses hängen und bei einem katholischen im ganzen Dorf. *Secht mr!*

Die Unterscheidung zwischen katholisch und *wiaschtglaibig* (siehe S. 108) spielt auch heute noch eine eklatante Rolle.
Zwei Kinder spielen *näggich* im Sandkasten. Nach einer Weile betrachtet das Mädchen den Jungen von oben bis unten und stellt fest, dass da etwas ist, was bei ihr anders ist. Um ihre Gedanken bestätigt zu bekommen fragt sie: *I bin evangelisch, ond du?* Darauf der Knabe: *I be katholisch!* Einige Zeit vergeht, da nimmt das Mädchen noch einmal das Thema auf:
Aber i hätt' net denkt, dass dr Ondrschied so graoß isch!
Des isch mei Spitzle, sagt der Junge.
Derf i mol mit dem spiela?, fragt das Mädchen.
Darauf der Junge: *Ha noi, hosch jo dei's scho abbrocha!*

H — 48

Häusle

{ Wohneigentum }

Von nix kommt nix! Die Sparsamkeit ist den Schwaben in die DNA eingeschrieben. Allerdings erst, seit die vielgeliebte württembergische Königin Katharina, die eine russische Zarentochter war, die erste Sparkasse im Ländle Anfang des 19. Jahrhunderts nach einer schlimmen Hungersnot gründete. So besitzen heute jeder Schwabe und jede Schwäbin schon von Geburt an wenigstens einen Bausparvertrag. Bausparen ist nicht nur typisch deutsch, sondern so richtig stereotyp schwäbisch – logischerweise muss die erste Bausparkasse also im Ländle gegründet worden sein. Falsch, diese Annahme ist ganz falsch. Das wurmt. Der Stachel sitzt tief, aber der Autor fühlt sich der Wahrheit verpflichtet. Die erste Spargesellschaft auf Gegenseitigkeit, denn nichts anderes ist eine Bausparkasse, wurde im dritten Jahrhundert vor Christus zu Zeiten der chinesischen Han-Dynastie gegründet.

Wem dies zu wenig direkt mit Bausparen zu tun hat, wird dennoch weiter enttäuscht. Die erste namentlich genannte Bausparkasse hieß Ketley's Buildings Society und entstand im Jahr 1775 in Birmingham. Selbst in den USA (1831) und Brasilien (1834) war das Bausparen schon populär, bevor im Jahr 1885 dieses „typisch" deutsche Produkt in Bielefeld {sic!} unter dem Namen „Bausparkasse für Jedermann" durch den Pastor von Bodelschwingh gegründet wurde.

Am liebsten hätte ich dieses desavouierende Kapitel weggelassen. Aber manchmal muss man investigativjournalistisch der Wahrheit ins Auge sehen, so weh sie auch tun mag.

Mehr als typisch schwäbisch hingegen ist der Diminutiv, die untertreibende Verkleinerung von eigentlich bedeutsamen und deutlich größeren Dingen. Die Villa wird zum *Häusle*, das Auto zum *Heilix Blechle*, die Harley zum *Motorrädle*, die Treppe mit 400 Stufen zum *Stäffele*, der Landschaftspark zum *Güetle*, das Vielseitigkeitspferd zum *Gäule* oder *Rössle* und der promovierte Sohn zum *Dokterle*. Bitte, liebe Nicht-Schwaben, lasst uns das „*le*". Falsch angewandt klingt es dämlich.

Es gibt kein „Mündle". *Des hoißt Gosch* oder *Göschle*!

Selbst nicht so schöne Dinge werden durch die Endung -le verharmlost. *Dear hot a Schlägle ghet* hört sich doch gleich weniger schlimm an als ein Schlaganfall.

Heggâscheißer / Heggâbeerlesbronzer

{ Stuttgarter }

En Stuegert mecht i net amol tot ibr'm Zau hängâ, sagt man auf der Alb und vor allem im dahinterliegenden katholischen Oberschwaben, dem Neu-Württemberg von Napoleons Gnaden. Dort hängt man immer noch der scheinbar so glorreichen, ehemals vorderösterreichischen Zeit nach. Nun, die Abneigung gegenüber der Landeshauptstadt zeugt auf eindrückliche Weise von der Unbeliebtheit der Bewohner der Region Stuttgart. Menschen mit den Kfz-Kennzeichen S, ES, LB und BB sind auf der Schwäbischen Alb nicht sonderlich gern gesehen und werden von den dortigen Ureinwohnern gerne als *Heckâscheißer* bezeichnet. Das rührt von folgender wahren Geschichte her: Zwei Freunde aus Stuttgart sind mit ihrem Auto auf die Schwäbische Alb gefahren, um zu wandern. Nach gut zwei Kilometern drückte den einen sein Darm. Also setzte er sich hinter eine Hecke und verrichtete sein großes *G'schäft* (Der Schwabe schafft immer!). Nach der Erledigung dessen rief er seinem Freund:
I brauch Papier!
Darauf der: *Brauchsch net eipackâ, kasch liega lassâ!*

Heilandzack

{ unchristlich fluchen }

Beide Konfessionen haben eine innige Beziehung zum Heiland und seinem himmlischen Vater, der uns unsere göttliche Sprache geschenkt hat. Dennoch stehen die gröbsten Flüche und Schimpftiraden immer irgendwie im Bezug zum himmlischen Personal. Das muss man nicht verstehen. *Heilandzack, Heilandsack oder Herrgottzack* sind Abkürzungen von Heiland, Sakrament oder Herrgott, Sakrament. *Heilandsack* hat sich durch Auslautverhärtung und Assimilationsprozesse lautlich zu *Heilandzack* moduliert. Das bedeutet wörtlich „Gott verdamme mich". Vermutlich hat der erste Schwabe, der diesen *gottsläschterlicha* Fluch ausgerufen hat, mitten im Schimpfen seine Blasphemie bemerkt und eine linguale Vollbremsung eingelegt, so dass das „…rament" nicht mehr über die Zunge *grugelt* kam und hinter den oberen Schneidezähnen hängenblieb. Und so blieb es beim *Heilandzack*. Übrigens auch unsere schweizerischen Nachbarn benützen diesen Fluch sehr gerne. Die sagen sogar „Gottverdammmi!" Das würde wir Schwaben nie tun, denn dann kämen wir ja in die Hölle. Und das Verhältnis des Schwaben zum Gegenspieler des Heilands, dem Teufel, ist nicht besonders innig. Wenn man sich ärgert, kann es passieren, dass man *kreizteiflswild* wird. Wenn man dann den loshaben möchte, der Schuld daran ist, schilt man ihn: *Gang zom Deifl!* oder *Gang zom Siedicha!* Damit ist der Antichrist gemeint, denn nach Kirchenmeinung wird man in der Hölle gesotten und es ist *siedich hoiß*. Dies ist allerdings nicht aus erster Hand bestätigt, denn noch keiner, der jemals dort war, ist je wieder zur investigativen Berichterstattung zurückgekommen. Katholische Geistliche neigen dazu, davon zu berichten und vor allem damit zu drohen, sollte man sich nicht kirchenwohlgefällig verhalten. Na ja, die Schwarzkittel reden ja öfters über Dinge, von denen sie nichts verstehen, zum Beispiel von der Ehe. Deshalb lässt sich der Schwabe kaum einschüchtern, versteht er es doch, die Gebote der Kirchenmänner, der *Haierle*, lässig zu umgehen.

Zum Beispiel das Fastengebot, das einen vollständigen Fleischverzicht fordert. Der Schwabe, ganz *Diftele*, hat deshalb zum Beispiel die Maultasche (siehe S. 72) ausgetüftelt und dabei eine wahrhaft göttliche Speise kreiert, die teuflisch gut schmeckt. *Heilandzack!* Das darf man ruhig auch mal anerkennend äußern.

Und für alle, die sich *kreizfidel* in diesem diabolischen *kreizliadrigâ* Fluchthema aus- und weiterbilden wollen, hier noch ein paar durchaus übliche Flüche. Aber Vorsicht! Manche werden dabei ganz schön *kreizteifelswild!*
Heilandsakramentaberaunomole, Herrgott, Heidânei, Heidâbimbam, Heidastuegert, Jesesgott, Heilandsglompvrreggts, Omdajesesgotteschrischttagswilla, Herrgolessaberaunomole, Herrgottssiach, Herrgottsblitz, Herrgottsdonderwedderabrau, Heilandjeseskreizkrabbâbärâschellâhurâfotzpatronâtasch u.s.w. , …

GANG ZOM SIEDICHA!

HEILANDZACK, DER MACHT MI KREIZTEIFLSWILD!

27

Heiligs Blechle

{ Auto }

Ha, jetzt schlag me 's Blechle, Schwaben haben das Automobil erfunden. Ein badischer Schwabe, Carl Benz, und ein württembergischer Schwabe, Gottlieb Daimler. Kein Wunder also, dass Schwaben ein extrem inniges Verhältnis zu ihrem Vehikel haben. Und, seien wir mal ehrlich, es sollte schon den Stern oder das *Stuttgarter Rössle* voraustragen. Ansonsten ist es ein *Karrâ*, also ein minderwertiges Fahrzeug, zum Beispiel aus dem benachbarten Bayern oder gar aus Japan stammend.

Um der schwäbischen Bescheidenheit understatementmäßig gerecht zu werden, nennt der Besitzer eines Fahrzeugs der Luxusklasse, für das er ordentlich *hot blecha miassâ*, dieses gerne auch *Kärrele*. Das heilige Blechle, das in diesem Zusammenhang gerne zitiert wird, ist ursprünglich eigentlich etwas völlig anderes. Mit einer Blechmarke wurden in früheren Jahrhunderten die Armen eines Dorfes vom Heiligenpfleger ausgestattet, damit sie an der Armenspeisung teilnehmen konnten, was Ortsfremden ohne *Heiligs Blechle* nicht möglich war.

Heiligs Bechle, scho wieder ebbes glernt.

Ruft der Schwabe *Ha, schlaag me 's Blechle!* muss etwas ganz Außergewöhnliches passiert sein – etwa die Vollsperrung der A 8 oder die Pleite der örtlichen Volksbank.

HOCKÂTSE

{ Straßenfest }

Die *Hockâtse* oder *Hockâte* ist zum Inbegriff schwäbischer Feierglückseligkeit geworden. Nicht die übertriebene Party, bei der sich schwitzende Leiber aneinander reiben. Nein, das gemütliche Sitzen, verbunden mit *Essâ, Trenkâ ond Schwätzâ*. Die erste *Hockâtse* ihrer Art war das Cannstatter Wein- und Brezelfest. *Do hockât se!*, rief einer, und schon war der Begriff geboren. Bierbänke, Bier- und Weinausschank, *raote Wirscht* und *Schupfnudlâ mit Kraut*. Jetzt fehlt bloß noch die *Blåskapell* und der *Xangverei*, die *Turnermädlâ* und die *Trachtâgrupp'* – schon ist die *Hocketse* oder *Hockete am Laufâ*. Man sitzt, schwitzt, schwätzt gewitzt und beobachtet sich selbst dabei, wie der Alkoholpegel langsam, aber sicher zunimmt. Da gibt es dann *selle*, die nach ein, zwei Gläsern merken, dass es genug ist. Aber es gibt auch *sotte*, die jede Hocketse dazu nützen, sich restlos volllaufen zu lassen.

Jeder hot sei Art, wia dr Bock sein Bart.
Der hot wiedr gsoffa wia â Bürschdâbendr!
Der hot an granatâmäßigâ Sarras ghet!

Du bisch aber ganz schee bsoffâ gwäa geschtrn bei dr Hockâtse, so der eine. Und der Angesprochene: *I bsoffâ? Wo ihr mi hoimtragâ hend, hennr me zwoi mol plotzâ lassâ!*

29

Iibrzwerch

{ kopfüber, überdreht, verquer, verschroben }

Liegt zum Beispiel ein Baby im Mutterleib in der Querlage, also quer unter dem Zwerchfell, dann liegt es *iiberzwerch*. *Dui hot â iiberzwerchs Päckle hoimbrocht*, sagt man, wenn eine Frau schwanger ist.
Iiberzwerch ist aber auch das Rippenstück beim Rind oder Ochsen, das zwischen der hohen und der abgedeckten Rippe liegt.
Was willsch vomâ Ochsâ meh vrlangâ als a guat's Stickle Rendfloisch?
Auch in der Heraldik gibt es den Begriff überzwerch für ein Wappenbild, das um 90° Grad gedreht im Wappenschild steht. Sodele, das wäre jetzt die etymologische Herleitung dieses zutiefst schwäbischen Begriffs, der sich aber erst in seiner bildlichen Bedeutung vollständig offenbart. Das Zwerchfell liegt quer im Körper. Und so ist jemand *iiberzwerch*, der quer zur allgemeinen Denkweise handelt oder einen sehr launischen Charakter hat. Im besten Sinne eigentlich ein Querdenker, im schlechtesten Sinne ein *kreizliâdriger* Querulant. *Ha, der isch (aber heit) iiberzwerch!*, der ist völlig daneben, unpassend, nicht so, wie es sein sollte. Das passiert zum Beispiel, wenn Kinder nicht ausgeschlafen sind. Die packt man einfach wieder *ens Bett*. Einem *iiberzwerchâ* Erwachsenen geht man am besten aus dem Weg.

Juckâ

{ springen, hüpfen }

Bei den Württemberger und Schwarzwälder Pferden gibt es drei Gangarten: Schritt, Trab, Galopp. Aus. *Meh brauch's net*. Bei den Württemberger Menschen ist die Auswahl der Fortbewegungsmöglichkeiten deutlich facetten- und abwechslungsreicher.

Fangen wir im Kleinkindalter an. Das *Ruuglâ*, also das Wälzen ist die allererste ganzkörperliche Fortbewegung des kleinen Schwabenmenschen. Es folgt das *Krabblâ* auf allen Vieren und dann das *Laufâ*, also das normale Gehen auf zwei Beinen, das anfangs meist noch mit häufigem *Nāhaglâ* verbunden ist. *Nāhaglâ* bedeutet hinfallen. Nicht zu verwechseln mit *nahaglâ*, also hinunterfallen.

I ben nāghaglât ond drbei isch mr dui Flasch naghaglet!

Meist *laufât* aber Kleinkinder nicht, sie *sprengât*, also laufen oder rennen. Oder sie *hopsât*. Beim *Hopfâ*, *Hopsâ* oder *Juckâ* ist die Fortbewegung zwar grundsätzlich vorwärts, aber auch in die Höhe gerichtet, es wird gehüpft. *Sauâ* bedeutet rennen oder wegrennen. *Komm, mir sauât om d' Wette!* oder *Komm, mir klinglât ond sauât schnell drvo!*

Fuaßlâ bedeutet ein schnelles Gehen, wenn man es eilig hat. Hat man es *pressant*, weil man *bronzâ* oder *soichâ* muss, findet aber nur eine besetzte Toilette vor, dann *trebblt* man auf der Stelle, bis sie endlich frei wird.

Auch auf dem Fahrrad kann man *trebblâ*.
Jetzt trebbel halt amol â bissle schneller!
Wenn im Winter viel Schnee liegt, kann man sich, sofern man sich als Erwachsener der Lächerlichkeit preisgeben will, einen Hang *naawaalâ*. Das heißt, man *ruugelt*, also wälzt sich lawinenartig den Schneehang hinunter. Ganz Sportliche klettern zum Beispiel auch an den Felsen auf der Alb oder im oberen Donautal, sie *krebslât*. Man kann auch auf einen Baum *krebslâ ond rahaglâ*. Wenn einer nicht sonderlich begabt ist, heißt es: *Der ka sengâ wia a Sau krebslâ!* Sie merken schon, liebe Lesende, abwechslungsreicher als die Schwaben bewegt sich jedenfalls keiner fort.

31

Kehrwoch'

{ Treppenhausreinigungsaktion in einem Mehrfamilienhaus }

1492 hat Kolumbus Amerika entdeckt und im selben Jahr der württembergische Herzog Eberhard eine Verordnung zur Kehrwoche erlassen. Da muss man sich heutzutage schon fragen, was davon sich bewährt hat. Der Herzog hat verordnet: „Damit die Stadt rein erhalten wird, soll jeder seinen Mist alle Wochen hinausführen." Also jeder soll vor seiner eigenen Haustür kehren. Eine schöne Metapher, die dem Kant'schen Imperativ entspricht. *Wenn des no â jeder dät!* Daraus entstand die Schwäbische Kehrwoche, die regelt die Reinigung gemeinschaftlich benutzter Bereiche in Mehrparteienwohnhäusern und von Flächen wie Hauszugängen, Vorplätzen und Gehwegen und Straßen. Dabei steht die Sauberkeit nicht im Vordergrund – so schmutzig wie 1492 ist es bei uns schon lange nicht mehr –, sondern die Ausübung der Kehrwoche an sich. Die *Kehrwoch'* ist ein ewiger Quell der Lust. Das Wichtigste: Man muss hören, dass die Kehrwoche gemacht wird. *Kläpperâ muaß!* Das technische Handwerkszeug dazu ist *Bäsâ, Kuddrschaufl ond Kehrwisch, Lompâ, Putzoimer ond dr Kuddroimer, der oimol en der Woch' vom Kuddrbauer gleert wird*. Die Kehrwoche wird traditionell von der Frau gemacht, die dabei den *Kiddlschurz* (siehe S. 66) trägt. Sie ist eine Kehrwöchnerin. Hier herrscht das matriarchalische Alleinvollzugsrecht. Aber das wurde ja ebenso wie die Kehrwoche an sich am 17. Dezember 1988 offiziell abgeschafft. Inoffiziell ist die

Kehrwoche natürlich konspirativ immer noch aktiv. Okkulte Tradition! Man sollte sie sogar in die Liste des immateriellen Weltkultur–erbes der UNESCO aufnehmen, *fend i*!
Treffen sich zwei schwäbische Hausfrauen vertraulich bei dieser Tätigkeit, tauschen sie dabei gerne einem „Feg-News" aus. Achtung, wenn eine Frau zweimal in der Woche Kehrwoche macht, dann ist bestimmt eine Google-Kamera unterwegs … *gell, då glotsch!*

{Kehrwochâschildle}

{Kuddrschaufl}

{Bäsâ}

{Drägg}

32

KIDDLSCHURZ

{ Trägerrock }

Er ist fast schon verschwunden, aber manchmal sieht man ihn noch und viele werden sich erinnern an die Uniform der schwäbischen Hausfrau: *dr Kiddlschurz*. Die Arbeitstracht (*Schaffhäs*); sackartig, ohne Abnäher, aus bunt bedrucktem Baumwollstoff oder gerne auch einfarbig aus blauem Polyester genäht, vorne geknöpft, knielang. Der *Kiddlschurz* wird mit hautfarbenen, erotischen Kniestrümpfen getragen, die beim korrekten Ausführen der Kehrwoche (siehe S. 64) an ihrem Abschluss zu sehen sind und im Detail auch den Blick auf diverse Krampfadern freigeben. Bislang ist dieser Umstand allerdings noch nicht in der Unfallstatistik unter unerklärliche Auffahrunfälle verzeichnet, was mich erheblich wundert. Darunter trägt die Schwäbin einen Schlüpfer, Liebestöter genannt. Sehr groß – von oberhalb des Knies bis zur Hälfte des Bereichs zwischen Bauchnabel (*Näbele*) und Brust (*Herzer*) reichend, sehr warm, sehr dick, wahlweise in den Farben lachs, hellblau oder hellgrün – extrem abschreckend. Kurz, ein vollständiger Ent-Erotisierer. Vielleicht war das genau beabsichtigt. Schließlich sagte die Frau, die von ihrem Mann zu einem erotischen Intermezzo ins eheliche Schlafzimmer gedrängt wurde:

Jetzt gohsch na, fegsch dâ Hof, no vrsurret's!

K

34

{ verschmitzt, schelmisch, hintergründig witzig }

Schwaben sind natürlich schlitzohrig. Das bedeutet, sie suchen einen kleinen Vorteil zu erringen, ohne einem anderen zu schaden. Sie sind dann ein *bissle* schneller am Ziel als andere. Dazu muss man *knitz* sein. Das bedeutet, auf liebenswerte Weise raffiniert, schlau und gewitzt zu sein. In jedem Fall ist er spitzbübisch, pfiffig und ein *bissle* hintersinnig witzig. Dazu gehören als Voraussetzung eine gewisse Schläue und Intelligenz. So bekommt jemand, der mit dem Prädikat *knitz* versehen wurde, einen durchaus positiven Anstrich.

Knitz kommt etymologisch von „kein nutz", das sich vermutlich schon vor einigen hundert Jahren zum Adjektiv „kainnüz" mit der Bedeutung von „nichtsnützig, unnütz" vereinigt hat. So zumindest weiß es das Deutsche Wörterbuch der Gebrüder Grimm. Und das ist kein Märchen. Umso verwunderlicher, dass *knitz* heute im Schwäbischen eine überaus positive Bedeutung hat. Ein *Knitzer* ist gewieft, vielleicht ein *bissle* bauernschlau, clever und ausschließlich ein Schwabe! Ein *Reig'schmeckter* kann niemals *knitz* sein. Und wenn doch, ist er kein *Reig'schmeckter* mehr.

Ein kleines Beispiel gefällig: Ein Bauer ging in die Kirche, während seine Frau zu Hause in der Küche mit dem Zubereiten des Mittagsmahls für Gäste beschäftigt war. Als der Bauer wieder nach Hause kam,
fragte sie: *Ond, von was hot dr Pfarrer predigt?*
Er: *Von dr Sünd!*
Sie: *Ond, was hot'r drzua gsait?*
Er: *Er sei et drfier!*

{Schlitzohr}

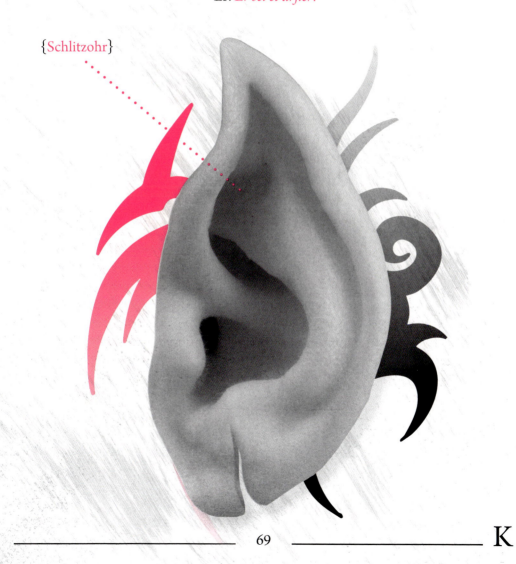

Konfirmândâbläsle

{ Reizblase }

Und schon sind wir wieder an einem delikaten Thema. Es geht um das Wasserlassen. *Soichâ, soachâ* oder *bronzâ* heißt das bei männlichen Schwaben. Bei den weiblichen spricht man von *bieslâ* oder *bieselâ*. *„Heul no, nâ brauchsch net so viel bronzâ"*, sagt man zu weinenden und zornigen Kindern. Wenn einer sehr häufig die Blase (*Blååder*) entleeren muss, dann hat der ein *Konfirmândâbläsle*. Etwas gröber kann man auch von einem *Soichbeitl* sprechen. Bei einer Frau ist das dann die *Bronzkachl*. Beides kann auch als Schimpfwort, isoliert von der Tätigkeit an sich, Verwendung finden. Dass Schwäbisch die blumigste und vaiantenreichste Sprache, die Sprache mit den meisten Ausdrücken für nur eine Tätigkeit ist, kann man an der kleinen Episode erkennen, bei der ein Betrunkener an einen *Eisâbâhwagâ* hinpinkelt. Der Schaffner sah das *ond hot den Bsoffana verseggelt: „Was urinierat Sia an den Wagâ nâ? Des isch koin Platz zom harnâ. Wenn Se pinklâ miassât, no gangât Se do nâ, wo ander Leut au ihr Wasser abschlagât. Do kennât se zinslâ ond prinzlâ, so lang, wia Se wellât, aber net die Eisabahwägâ vrbronzâ, Sia Schiffbeitl, Sia vrsaichter!"*

Ja, und dann gibt es noch die *Saublååder*, die Schweinsblase. Die fällt an, wenn ein Schwein geschlachtet wird. Aufgeblasen diente sie früher als Fußball und natürlich heute noch in der Fasnet als närrisches Schlag- und Neckinstrument der Narren.

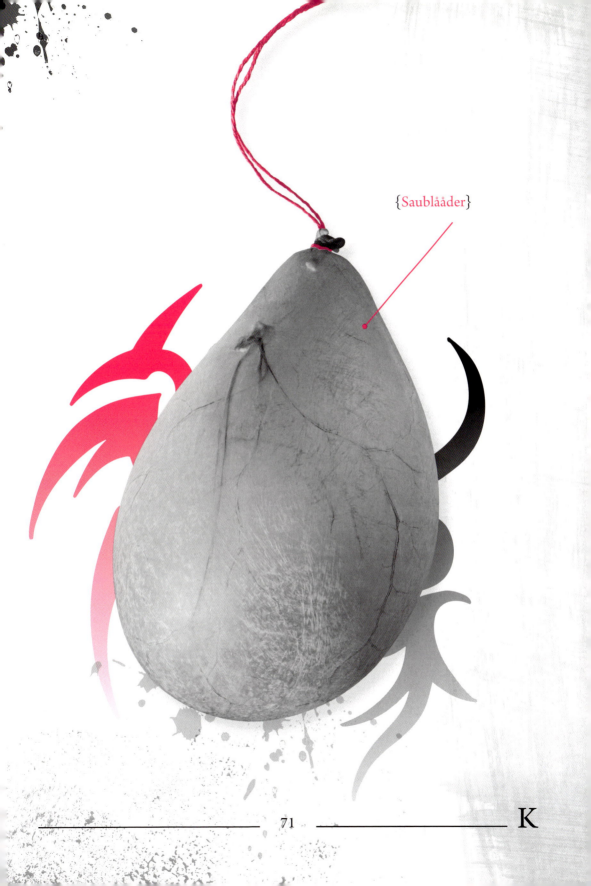

MAUL

{ Mund }

Der Schwabe ist maulfaul und grob, aber nicht aufs Maul gefallen. Deshalb beschränkt er sich verbal auf das Nötigste. Er sagt nicht etwa Ach was? Er sagt *Awa?*
Das bringt entweder sein Erstaunen zum Ausdruck oder seine Ungläubigkeit. Vor allem Jugendliche die in der Ausbildung stehen, neigen manchmal dazu, besonders schweigsam zu sein, vor allem dann, wenn sie etwas ausgefressen haben. Der Lehrherr sagt dann gerne einmal: *Hosch Dei Maul heit drhoim en dr Schublad glassâ?* oder *Schwätz! Oder scheiß Buchstabâ!*

Aber ganz grundsätzlich ist der Schwabe maulfaul nur beim *Schwätzâ*, aber nicht beim *Essâ*. Das Köstlichste, was die schwäbische Küche je hervorgebracht hat, sind die *Maultaschâ*. Es gibt viele Geschichten, wie es dazu kam. Sicher ist, dass die Maultaschen eine Speise für den Gründonnerstag sind. Mitten in der Fastenzeit mengte man eine Menge grüner Kräuter mit Brät und wickelte es mit Nudelteig sein. So versuchte man, den verordneten Fleischverzicht in der Fastenzeit zu umgehen, der Herrgott würde das zerhackte und durch die Vermengung mit Kräutern unkenntlich gemachte Fleisch schon nicht sehen. Und so kam die feine Spezerei zu ihrem Namen *Herrgottsbscheißerlâ*. Was genau in die Füllung kommt, wird nicht verraten, denn jede Köchin und jeder Koch hat hier sein ganz eigenes Rezept.

Einmal fragte ein Gast in einem Remstäler Gasthaus den Wirt, womit er denn seine Maultaschen fülle? *Des isch Betriebsgeheimnis.* Darauf der Gast: *No frog i halt Ihre Köch'.* Darauf der Wirt: *Wenn mir Maultaschâ machât, werdât d' Köch' v'reidigt ond d' Stift beurlaubt!* Der war entgegen der landläufigen Meinung nicht gerade maulfaul. Ansonsten kommt der Schwabe mit einem recht geringen Wortschatz aus. So braucht er beim Heiraten nur drei Worte, doch diese verändern sein Leben komplett: *Jå* in der Kirche; *sodele* vor dem Mittagessen und *jetzâdle*, wenn er abends aus dem Anzug und zu seiner Angetrauten ins Bett steigt. Nach einem Jahr wird der Bräutigam von seinem Freund gefragt, wie es denn so laufe mit dem Eheleben.
Ha, was soll e sagâ, oine isch z'viel ond koine isch z'wenig!
Nach weiteren fünf Jahren Eheleben erklärt er dann am Stammtisch:
I han se aus dr Zeidong, ond do kommt se au wieder nei!

Es ist nicht so, dass der Schwabe nur eine begrenzte Anzahl von Wörtern in seinem Leben zur Verfügung hat, das haben Forscher in empirischen Untersuchungen festgestellt. Dennoch neigt er dazu, mit fortschreitendem Alter die Zahl der Wörter nachhaltig zu reduzieren und dafür mehr zu *sennierâ*, also nachzudenken, was im Übrigen jedem gut zu Gesicht stehen würde. *I sag nix, aber was i denk, isch furchtbar.*
Nachfolgend ein Dialogbeispiel zweier sich zufällig beim Einkauf begegnender Männer im gehobenen Alter:

So au?
Ha jo.
Ond, wiâ?
Scho reacht.
Ond sui?
Au.
No isch guad.
Adé.
An Gruaß.
Sag e.

Bei diesem Beispiel gehen beide in dem Bewusstsein auseinander, dass im jeweils anderen Erlebnisbereich keine außergewöhnlichen Vorkommnisse stattgefunden haben und man sich ausreichender Kommunikation bedient hat.

37

{ Bremse }

Als man früher noch in den ländlichen Gegenden mit Pferd oder Kuh vor dem Wagen *sei Sach* transportiert hat, war es – wie auch bei einer Kutsche heutzutage – zwingend notwendig, dass auf der Bergabfahrt *g'miggt*, also gebremst wurde. Dazu betätigte man eine Kurbel, die einem hölzerne Backen auf das Rad presste und so das Gefährt daran hinderte, den Zugtieren in die Fersen zu fahren. Auch bei größeren handgezogenen *Loidrwägelâ* gab es eine *Migge*. Man braucht also zwei Menschen, um das Gefährt zu bedienen, einen an der Deichsel, einen an der Bremse. *Dr Denne an d' Deichsl, dr Dicke an d' Migge*, hieß es dann. Eine *Migge* gibt es auch beim Fahrrad. Der Unterschied zur Bremse im Automobil ist, dass hier mit Menschenkraft das Rad mechanisch gebremst wird, und zwar mittels einer Bremsbacke, *dr Migge halt*. Der Begriff *Migge* leitet sich vermutlich vom französischen Wort „mechanique" ab. Das *Miggâ* kann aber auch für die Sturheit, Unbeweglichkeit und falsches Traditionsbewusstsein stehen:
Do hot mei Vaddr gmiggt, do migg i au, ond wenn's bergauf goht!
Nur damit keine Fragen aufkommen: eine Bremse ist eine *Migge*, das haben wir gerade gelernt. Aber es gibt auch stechende Bremsen. Das sind keine *Migge* und auch keine *Muggâ* (siehe S. 76). Das sind *Breamâ* und stehen in meiner persönlichen Beliebtheitsskala ganz unten.

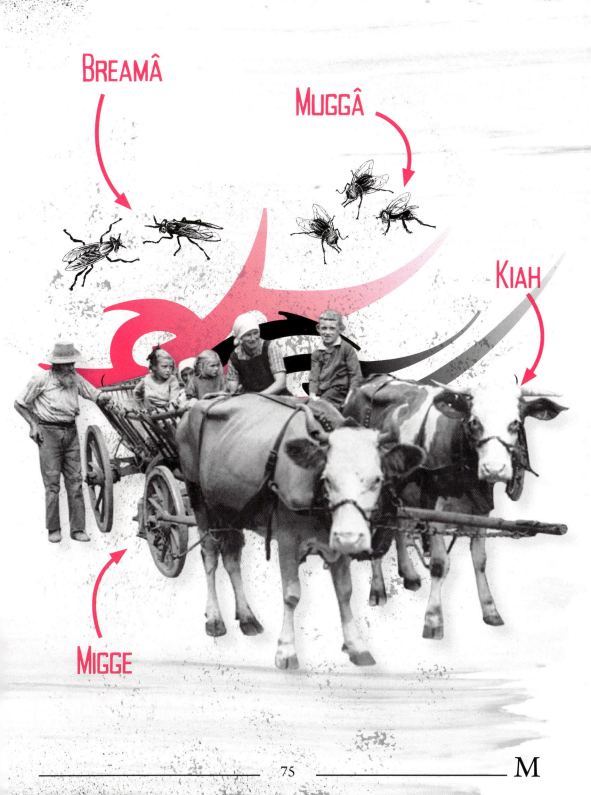

39

Mugg

{ Fliege }

Hier sind wir bei dem Thema angelangt, das für Außerschwäbische nahezu unverständlich ist. Da schwirrt ihnen der Kopf. Oder besser gesagt, etwas umschwirrt ihren Kopf. „Detlef, mach die Fliege kaputt!" Aber das war keine *Fluig*, das war eine *Mugg* oder *a Miggle*. *Muggâ* stechen nicht. *I hao sechszg Stuck Vieh em Stall, zwoi Kiah, â Goiß, â Sau. 's Moischt sand Muggâ.* *Muggâ*, die stechen, heißen *Schnââga*. Unangenehm. Eine *Mugg*, ist eine Stubenfliege. *A Miggle* ist eine Obstfliege. Eine *Fluig* hingegen ist entweder eine fette Fleischfliege oder gar eine grünlich schimmernde Schmeißfliege. Ein sehr unangenehmes zweiflügeliges Luftwesen aber ist die *Schnââg*. Die weiblichen Vertreter, die Gattung Tipulidae brauchen für die Versorgung ihrer Brut menschliches Blut. Deshalb sticht sie uns und besorgt sich dort den Lebenssaft. Das ist ungefähr so wie bei Finanzbeamten.

Tübinger Forscher arbeiten übrigens an einer Genmutation, bei der die *Schnââgâ* Fett saugen. Bisher lassen die wissenschaftlichen Erfolge allerdings leider zu wünschen übrig. Einstweilen müssen wir den zweimotorigen Plagegeistern mit dem *Muggâbatscher* oder *Fluigâdätscher*, einem legalen Mordinstrument, zu Leibe rücken. Noch fieser stechen nur die Bremsen, die *Breamâ* oder die *Wefzgâ*, also die Wespen. Wenn eine Frau sich leichtfertig und häufig wechselnd mit dem männlichen Geschlecht einlässt, sagt man auch *Dui lässt se no wia d' Wefzgâ!*

Muggâseggele

{ Maßeinheit }

Das schönste Wort, das die schwäbische Sprache hervorgebracht hat, ist das *Muggâseggele*. Gemeint ist damit eine nicht genau definierte Maßeinheit, die sich auf die Penisgröße einer *Mugg*, also einer gemeinen Stubenfliege bezieht. Die korrekte schriftdeutsche Übersetzung lautet „klitzekleier Fliegenpenis".
Manche meinen, ein *Muggâseggele* sei 1/10 Millimeter.

Davon leiten sich dann die anderen schwäbischen Maßeinheiten ab:
a Fitzele = 1 mm
a bissle = 0,5 cm
o'gfähr = +-1 cm
a Hännâdäbberle = 5 cm
a Katzâdäbberle = 15 cm

Und dann gibt es auch noch die nicht genauer definierten ungenormten Hohlmaße
*â Schuggerle, â Schlückle, â Becherle, â Gosch voll,
â Oimerle, â Fässle, â Breggele*.

Hingegen sind die Trinkmaße exakt definiert. Das bedeutsamste ist ohne Zweifel das *Viertele*, das sogar ein eigenes Gefäß, nämlich das behenkelte *Viertelesgläsle* zugewiesen bekam. Dann gibt es die *Halbe*, also einen halben Liter Bier, und für die festfreudigen Volksfestbesucher die *Måß*, also einen Liter. In früheren Zeiten gab es auch noch den Eimer (in Heilbronn z. B. 31,39 l) als Maßeinheit. Aber das lassen wir aus Gründen der Volksgesundheit hier lieber außen vor.

PARADOXIÂ

{ Ungereimtheiten der schwäbischen Sprache }

Für Nicht-Schwaben ist die schwäbische Sprache zugegebenermaßen manchmal etwas unstimmig in sich. Wenn der Schwabe ruft: *Wart amol gschwend!*, dann heißt das nicht, dass der Angesprochene schnell warten solle. Er möchte ihn nur kurz zu einer Rückfrage aufhalten. Befiehlt er jedoch *Mach mol langsam schneller!*, dann bedeutet das, dass ein erhöhtes Tempo bei der bisherigen Tätigkeit erwartet wird. Das kann sowohl die Ehefrau beim Verlassen des Hauses als auch Mitarbeiter bei der Ausübung ihrer beruflichen Tätigkeit betreffen, oder Schüler beim Verfassen eines Aufsatzes.

Kommât, mir gângât, se kommât ist hingegen die Aufforderung an eine Gruppe, den derzeit belegten Raum oder Platz zu verlassen, weil eine andere Gruppe in Erwartung der Erscheinung ist oder den Raum betritt. Das kann sowohl der Rückzug aus einer Schlacht oder das Verlassen eines Restauranttisches sein als auch das Verschwinden aus persönlichen Gründen, wenn die ankommende Gruppe in keinem freundlichen Verhältnis zu der anwesenden Gruppe steht.

Dir wear-e helfâ ist keinesweg eine Unterstützungsabsicht, sondern eine diffuse Drohung. Wird diese Drohung einem kleinen Kind gegenüber ausgesprochen, folgt dem meist eine wilde Hetzjagd um den Esstisch – *Fangerles*. *Dohânnâdânnâ, Dohobâdobâ, Dohommâdommâ oder Dahondâdondâ* sind keine Artikulationsübungen durchgeknallter Logopäden, sondern eindeutige Lagebezeichnungen für bestimmte Dinge.

Ess dein Tellr voll leer! Diese erzieherisch längst überholte Aufforderung gilt Kindern, die ihre von den Übermüttern zugeteilten Nahrungsportionen nicht komplett vertilgt haben. *Voll leer* ist eine der schwäbischen Maulfaulheit geschuldete Abkürzungsverhudelung von „vollends leer".

I schwitz gern an d' Fiaß! ist keine freudige Mitteilung, dass der Ausrufende an seinen Käsefüßen besondere Freude hat, sondern dass er leicht oder schnell an den Füßen transpiriert.

Mei Schwiegermuaddr haglt gern nā! Das bedeutet, dass sie ihre Schwindel–anfälle immer wieder einmal zum Stürzen bringen. Daran hat sie allerdings keine Freude, wie das Wort gern fälschlicherweise kolportieren könnte.

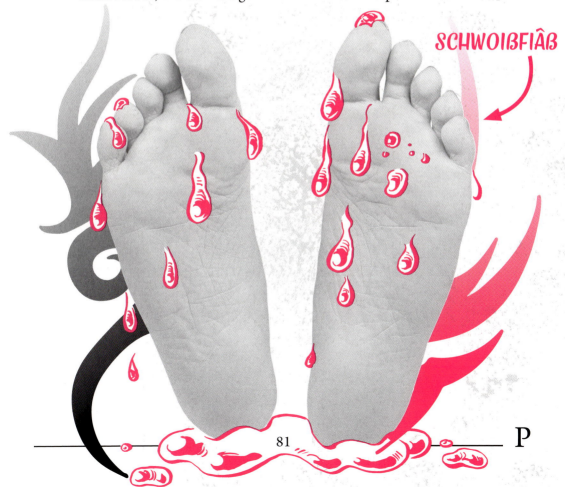

SCHWOIẞFIÃẞ

P

Pfuuzger

{ Darmwind }

Sie werden sicher zustimmen, dass eine gut funktionierende Verdauungstätigkeit unabdinglich für das Wohlbefinden ist. Allerdings führt das auch immer wieder zu Darmwinden, die im Schwäbischen *Pfuuzger*, bei Kindern und Damen *Fürzle* genannt werden. Das hört man meist, riecht es aber nicht. Gemeint sind richtige Kracher mit ordentlich Druck. Hingegen sind die leisen Winde die eigentlich gefürchteten Kaventsmänner, die raumergreifend, langsam schleichend aerosol die *Zenkâ* und die Riechzellen der ebenfalls im Raum weilenden Mitmenschen erreichen. Hier gibt es zwei Möglichkeiten damit umzugehen. Erstens: Man ignoriert. Zweitens: Man kommentiert:
Do hot oiner aber et schlecht durch 's Fiedle gschnaufât!
Die Frage, ob Ignoranz oder Kommentar, ist oft von Bildungs- oder sozialem Stand abhängig. Höfliche Menschen ignorieren, einfache Menschen kommentieren. Das Kommentieren macht einen aber nicht sympathischer. Das *pfuuzgâ* allerdings auch nicht.

Fürzle klingt so nett, dass man diesem Begriff sogar ein eigenes, sehr wohl schmeckendes Schmalzgebäck aus Brandteig gewidmet hat, das *Nonnafürzle*, das vorwiegend zur Fastnacht (siehe Fasnet S. 34) verschnabuliert wird. So wird aus einem derben Wort eine Köstlichkeit. Das können nur

die Schwaben. Doch wie kam es dazu? Das bekannteste Histörchen – dafür gibt es nun in der Tat kein schwäbisches Wort – besagt, dass eine junge Nonne den etwas zu feuchten Teig ins heiße Fett gegeben hat, was auffällige Zisch- und Blubbergeräusche hervorrief. Da der Bischof zufällig anwesend war, verließ sie fluchtartig die Küche, da ihr die Geräusche peinlich waren. Der Bischof taufte das Fettgebäck daraufhin schmunzelnd *Nonnafürzlâ*. Keiner weiß, ob das wahr ist, aber
's isch â nette Gschicht.

Bei Älbler Bauern muss die Darmwindtätigkeit früher so intensiv gewesen sein, dass man die ortsübliche Trachtenlederhose dort schlicht *Fuuzkäschtle* nannte.

Immer wenn Winde im Spiel sind, ist das wohlklingende, aber selten wohlriechende *pfuuzgâ* zu gebrauchen.
Do pfuuzget oim dr Wend aber ghairig om d' Aora.

Pfuuzgâ kann aber auch feuchtes Holz in einem Kaminfeuer oder ein Musikant, der sein Instrument nicht richtig beherrscht. Auch im Sinne von explodieren kann man *pfuuzgâ* verwenden: *Do hot's en Pfuuzger dau!*

43

Rei'gschmeckter

{ Zugezogener }

Wir Schwaben sind nicht gerade dafür bekannt, zu den offensten Zeitgenossen zu gehören. Gerade *Rei'gschmeckte* fällt es daher schwer, den Kontakt herzustellen. Dabei werden wir oft einfach nur missverstanden. Aber dafür haben Sie ja jetzt dieses Buch, das Licht ins Dunkel bringt. Keinesfalls zu erwarten ist allerdings, dass ein Schwabe für sein Gegenüber dauerhaft Hochdeutsch spricht. Das versucht er nur gegenüber Höhergestellten oder bei Interviews in TV und Radio. Wer sich also integrieren will, muss wohl oder übel Schwäbisch verstehen lernen. Aktive Anwendungen sollten jedoch in jedem Fall vermieden werden. Damit machen sich *Rei'gschmeckte* mehr als nur lächerlich. Das Einhalten der Kehrwoche und Austesten regionaler Spezialitäten helfen übrigens auch.

Also, jeder, der nicht seit mindestens fünf Generationen im Ländle lebt, ist ein *Rei'gschmeckter*, also einer, der von außerhalb zugezogen ist, ein Immigrant. Nichtschwaben tun sich sehr schwer, sich hier in die Gesellschaft zu integrieren. Zugegebenermaßen liegt das nicht an den *Rei'gschmeckte*, sondern an uns. Wir sind uns halt selbst genug. Oft entwickeln sich dann gefährliche aggressive Parallelgesellschaften. In Stuttgart gibt es beispielsweise eine karnevalistische Gruppe Rheinländer, die sich die „Rheingeschmeckten" nennen. Karneval und Stuttgart, das passt nicht.

Weiß doch jeder im Ländle, dass ein Trauerzug auf der Alb
lustiger ist als der Karnevalsumzug in der Landeshauptstadt.
Solche Parallelgesellschaften sind brandgefährlich, nehmen sie doch
direkt oder unterschwellig sogar Einfluss auf die schwäbische Sprache
ond des goht gar edda!

R

RITZÂBUTZER

{ Stringtanga }

Eigentlich trug die Schwäbin lange Zeit gar nichts unter dem schweren Trachtenrock. Das Maximale war im 19. Jahrhundert eine *Stehbronzhos*. Das sind *zwoi Schenkel amâ Schnürle*, knielange Baumwollhosen, die in der Mitte komplett geschlitzt, also im *Graddl (Seihe S. 10)* vollständig offen sind. Der Vorteil war, dass die Trägerin einfach im Stehen die Beine breit und ihr kleines Geschäft machen konnte, ohne eine Toilette (*da Abé*) aufsuchen zu müssen. Nicht besonders hygienisch, aber praktisch. Zu Zeiten, als 90 Prozent der Bevölkerung auf dem Land lebte und *Baurâwerk* betrieb, hatten ohnehin alle ein ländliches *Gschmäckle* an sich. Auf die *Stehbronzhos* folgte der Schlüpfer als *Ondrhoos*, der den *Arsch* (siehe S. 14) und die *Schnegge*, die Hälfte der Oberschenkel und den Bauch bis über den Nabel bedeckte (siehe auch *Kiddlschurz* S. 66). Dann kam der Stringtanga, der schwäbisch *Ritzâbutzer* oder *a Nixle-om-â-Bixle* genannt wird. Der ist allerdings vollkommen unschwäbisch, denn daraus kann man keine *Putzlompâ* machen. Früher konnte man schließlich mit einer Frauenunterhose ein ganzes *Fahrrädle* putzen. Heute reicht es nur noch für den Ständer.

{Ritzâbutzer}

{Stehbronzhos}

45

Sau

{ schwäbische Steigerungsform }

Sau bezeichnet, wie andernorts auch, das weibliche Schwein. Man nennt sie auch *Botzel* oder *Suggel*. Der Nachwuchs sind dann *Botzelâ* oder *Suggelâ*. Wenn man etwas *vrläppert*, dann hat man *g'suggelt*, also eine Sauerei gemacht. Das Substantiv *Sau* kann aber auch zum Präfix mutieren und dem nachfolgenden Adjektiv eine steigernde Bedeutung zuweisen. Beispiel: sau-guat, sau-miad, sau-geil, sau-domm, sau-glatt.
Ruft der Schwabe seiner Frau zu *Alde, sau!* so bezeichnet er sie nicht als in die Jahre gekommenes weibliches Schwein, sondern weist sie an, schnell zu rennen.

Und nun zu den richtigen Sauereien: Es gibt allerlei dem Körper entschwindende und dennoch äußerlich zurückbleibende Dinge, die im Schwäbischen sehr gerne mit einer brachial-derben Bezeichnung versehen werden. Der *Rotzbollâ* oder *Butzâmäckeler* ist ein Nasenpopel, der zwecks Langeweilebeschäftigung zu einem kleinen *Kügele* gedreht wird. Man nennt ihn auch *Rotzbebbel*. *Glabuschterbeerle* hingegen sind ebenfalls kugelförmig, werden aber nicht angefasst. Eigentlich ein viel zu nettes Wort für eine anrüchige Sache. Damit sind unter anderem angetrocknete Rückstände gemeint, die bei nicht vollständiger Reinigung des Hinterteiles nach dem Stuhlgang verbleiben. *Glabuschterbeerlâ* benötigen zur Bildung einen gewissen Mangel an persönlicher Hygiene, bei Reinlichkeitsfreunden werden sie sich nicht finden. Mancherorts werden auch Hämorrhoiden als *Glabuschterbeere* bezeichnet.

Kalte Baurâ sind ebenfalls dem Körper entschwindende Dinge, die deshalb kalt sind, weil sie ihrem eigentlichen Zweck, nämlich der Befruchtung des weiblichen Eies zum Zwecke der Reproduktion der Schwaben nicht zugeführt wurden.

I han g'hört, dass mr für a Samaspende 50 Euro kriagt. No han i en meira Jugend amol a Handtuch ghet, des 12 000 Euro wert war.

Das *ischt* eine *scheene Sauerei*. Übrigens: *Â scheene Sauerei* ist auch das einzigartige und größte Schweinemuseum der Welt, das man am Stuttgarter Schlachthof besichtigen kann.

In der Natur nicht vorkommende tierische Verbindungen dienen im Schwäbischen der Beschimpfungssteigerung. Der *Sau-Hond* macht etwas Unanständiges. Der *Sau-Igel* hingegen beschmutzt sich, oder schaut heimlich Pornos. *Do kenntescht auf dr Sau naus*. Den *Sau-Bär* hingegen gibt es tatsächlich. So wird nämlich der Eber bezeichnet, der die Sau erst zur Sau macht, nämlich zur Muttersau, die auch *Laos* genannt wird.

So a daube Laos!

Zu einem, der gerne und oft aus dem Fenster schaut, sagt man:
So, händ'r g'metzget, weil dr Sauriasl zom Fenschter raushangd?

{Sauriasl} · {Rotzbollâ}

S

Schaffâ

{ arbeiten }

Den Schwaben (natürlich auch die Schwäbin) überkommt anfallartig ein schlechtes Gewissen, wenn er einmal nicht arbeitet und stattdessen dem Müßiggang nachgeht. Der Schwabe schafft immer. Er *goht ens Gschäft*. Das bedeutet aber nicht, dass er zu Fuß geht. Auch per Auto, Fahrrad oder ÖPNV *goht mr ens Gschäft*. Eine besonders mühevolle Arbeit *isch â Gschäft*. Selbst wenn sich der Körper auf dem Lokus erleichtert hat, hat der Schwabe *â Gschäft gmacht*. Gut situierte Menschen *hend â Gschäft*, sind also selbstständige Unternehmer. Hat man einen wenig rentablen Handel gemacht, sagt man *do isch's ganze Gschäft nix gwää!* Und wenn der Schwabe ausnahmsweise einmal den Müßiggang pflegt und spazieren geht, so schultert er einen Besen oder eine Hacke, sodass ihm keiner nachsagen kann, er würde *nix schaffâ*. Wer viel schafft, gilt etwas im Lande der Schwaben. Während der Bayer die Schönheit seiner Ehefrau preist, erwidert der Schwabenmann *... ond meine kâ fei schaffâ!* Das größte Lob, das der Schwabe seiner Frau entgegenbringen kann, ist *Du sieh'sch fei ganz schö abgschafft aus.*
Zwei Frauen stehen am Rande des Schwimmbeckens in einem Cannstatter Mineralbad. Fragt die eine: *Wie goht's au deim Mâ?*
Die andere: *Guat! Der isch mit Schaffâ beschäftigt.*

Schmeckâ

{ riechen, kosten }

Des schmeckt besser wia â Gosch voll Reißnägel. Mit diesem Spruch lobt der Schwabe die Kochkünste zu Hause, im Gasthaus oder wenn er irgendwo eingeladen ist. Hier wird *schmeckâ* in der herkömmlichen, auch in der Schriftsprache verwendeten Bedeutung benützt. *Dui schmeckt wiâ â indische Wanderhur',* steht da in einem völlig anderen Zusammenhang. Mit *schmeckâ* ist hier riechen gemeint, allerdings in negativem Zusammenhang, wie sich das auch dem gemeinen Fischkopf sicher erschließen wird. *Dui schmeckt aber fei!* ist hingegen eine besondere Wertschätzung der Auswahl der Parfümierung einer weiblichen Person. *Den kâ i et vrschmeckâ* andererseits zeugt von nicht zu überwindender Abscheu im Sinne von „Den kann ich nicht riechen."
Hot's gschmeckt? fragt die Köchin nach dem Essen. Die Antwort: *Wenn's gschmeckt hätt, hätt i 's net gessâ!* Hier bezieht sich die Antwort auf die olfaktorische Sinneswahrnehmung, also den Geruch, und nicht auf die gustatorische, also das Schmecken. Die Antwort hätte auch lauten können: *Guat gschmeckt hot's et schlecht.*
Also, wir lernen in diesem Kapitel, dass sich *schmeckâ* sowohl auf das Riechen als auch auf das Kosten beziehen kann. Gut, dass dieses Buch kein *G'schmäckle* hat.

Schmookâhuaschter

{ männliche Schimpfwörter }

Der Schwabe ist dem Klischee nach fleißig, ordentlich, sparsam, manchmal auch gemütlich. Aber als Frohnatur wird er nicht unbedingt gerühmt. Er motzt – das hochdeutsche Pendant zu *bruddlâ*. So erklärt sich auch folgende Redewendung in Bezug auf das höchste Lob, zu dem der Schwabe fähig ist: *Net gschempft isch globt gnug.* Der Schwabe schimpft gern über andere oder er *bruddld vor sich nā*. Dafür steht ihm eine umfangreiche Klaviatur an Ausdrücken zur Verfügung, die er trefflich zu spielen weiß. Die Bezeichnungen, die ihm für seine Mitmenschen zur Verfügung stehen, sind sehr kreativ. Da gibt es *Schnåågâhuaschter, Schåfmelker, Hamballe, Soifâsieder, Soichbeutl* und *Schnallâtreiber*. Sollte der so Bezeichnete *aufmuggâ* und zur Gegenrede ansetzen, sagt der *Bruddler* nur: *Hald dei Gosch!* Das zählt zu den meistgehörten Aufforderungen bei zwischenmenschlichen Divergenzen im Raum zwischen Stuttgart, Ulm und Konstanz. Wenn das dann so ist, dann haben sich die Leute *āāgoschd*. Das Schimpfwörterrepertoire ist schier unerschöpflich. Der Cannstatter Thaddäus Troll hat sie alle gesammelt. Wir verweisen an dieser Stelle auf seine Publikationen.

{Schnookâhuaschter}

50

{ Idiot }

Du Seggl bisch demmer wiâ em Herrgott sei Gaul, ond des ischt an Esel gweâ. Der *Seggl* ist ein viel gebrauchtes Wort, dessen Ursprung den meisten Wortbenützern wohl unbekannt sein dürfte. Der „Säckel" war nämlich der Beutel, in dem man sein Geld am Körper trug, also der Geldbeutel. Und da der meist nah bei den primären männlichen Geschlechtsmerkmalen zu hängen kam und auch äußerlich eine nicht zu verleugnende Ähnlichkeit aufwies, wurde der Begriff gleich auch noch dafür verwendet. Je nach Träger kann das dann ein *Baurâseggl*, ein *Lompâseggl* oder ein *Schofseggl* sein.
Der *Seggl* steht aber auch für einen, der in den Augen eines anderen eine falsche Tat vollzogen hat, oder dies dauernd tut. *Ha, des isch doch â Seggl! Mein onziger Buâ, ond des â Seggl!*, so schimpft ein Vater, dessen Sohn seinen Ansprüchen nicht genügt. Die Steigerung wäre zum Beispiel ein *Granatâseggl*. Das ist einer, dessen Tat an Dummheit nicht zu übertreffen ist. Milder, ja fast schon zärtlich, ist da der *Seggelesbeck*. Wenn man jemanden an der Nase herumführt, dann heißt das *Seggelesgäules doâ*.
Du Seggl klingt ja irgendwie auch netter als „Sie Idiot!". Mild ist auch:
Du bisch koi Seggl, abr so wiâ du sehnât se aus.
Und wenn Sie es mal richtig ernst meinen, dann sagen Sie:
Du bisch doch dr segglbleedescht Seggl, wo mr je vrkommâ ischt!

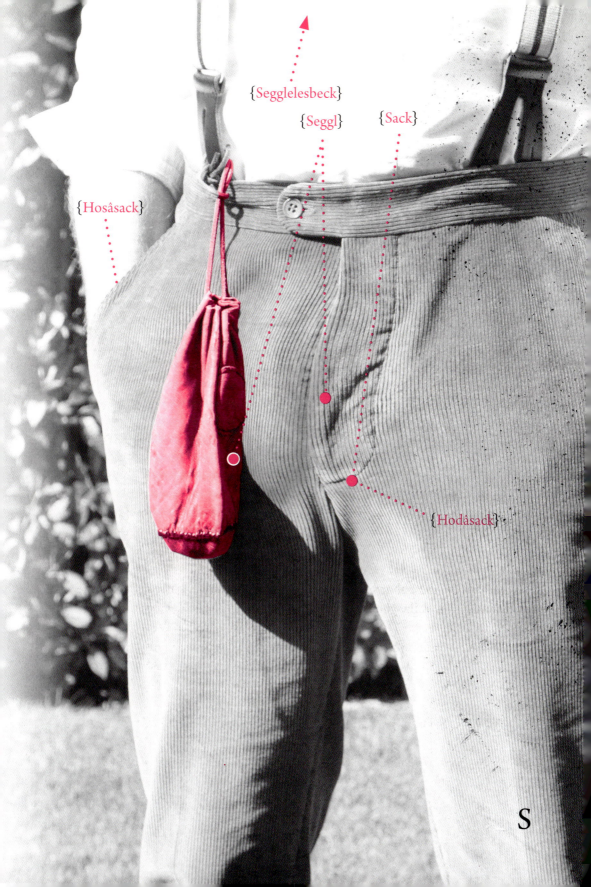

Spatzâfresser

{ Schimpfwort für einen Schwaben }

Handgschabte Spätzlâ sind das Kulturerbe der Schwaben schlechthin. Spätzlâ sind in der Tat die Leibspeise der Schwaben. Wie der Getreidebrei waren sie das Arme-Leute-Essen. Der Gaumenkitzel war den Herrschaften und dem Klerus vorbehalten. *Spätzlâ* gibt es heute allerdings niemals alleine, sondern meist als Beilage in wunderbarer Gemengelage zum Beispiel mit *Lensâ ond Soitâwürschtlâ* oder einem schönen *Sonndichsbrotâ*. Fleisch gab es früher nur an Sonn- und Festtagen. Der Schwabe ist ein Nassesser. Er braucht immer genügend Soße zu den *Spätzlâ*. Die können allerdings auch in der Suppe schwimmen: Dieses Arme-Leute-Reste-Essen war sozusagen die schwäbische Ur-Suppe, der Gaisburger Marsch oder auch *Kartoffelschnitz mit Spatzâ*. Hier vereinen sich *Spätzlâ*, Kartoffeln, *Floisch ond Gmias* zu einer fantastischen schwaboiden Melange.

Meist werden die *Spätzlâ* falsch geschrieben: *Spätzle*. Das ist die Einzahl. Sie erklingt am Ende mit einem offenen E. Aber wer wird schon von einem Spätzle satt? Höchstens ein Spatz. Zur Sättigung bedingt es immer mehrerer *Spätzlâ*, also mit einem verdruckten A gesprochen, einem Urlaut, den es nur im Schwäbischen gibt. Korrekt ist also *Spätzlâ*. Wenn allerdings aus den *Spätzlâ* die englische Mehrzahl „Spätzles" wird, dann *dreht's oim d' Kuttl rom*.

En broitr Arsch kommt net von kleine Spätzlâ!
Spätzle, da wird der schwäbische Diminutiv wirksam, wie sich das Schwäbische überhaupt gerne in der untertreibenden Verkleinerung gefällt. Das Auto wird zum *Heilix Blechle*, der Bub zum *Biable*, die Staffel zum *Stäffele* und freche Kamerad zum *Freindle*…

{ Mach mr Spätzlâ odr fress mr dr Doig so? }

S

Spruchbeitel

{ Angeber }

Spruchbeitl oder *Sprichmacher* gibt es im Ländle jede Menge. In der Regel sind es Aufschneider und Angeber. Aber auch solche, die regelmäßig schwäbische Aphorismen von sich geben, werden als *Spruchbeitl* bezeichnet. Ein *Spruchbeitl* verwendet die als *Sprüch'* bezeichneten witzigen, liebevollen, tiefgründigen, oft vergessenen Aphorismen und Weisheiten, um die Urgründe der schwäbischen Seele in geistig-verbaler Auseinandersetzung zu spiegeln, deren Höhen und Tiefen, Lüste und Leiden, Unbilden und Gefahren, die allesamt aus der Erfahrung von Generationen stammen, mitzuteilen. Wow, was für ein Bandwurmsatz.
Aber des hot's braucht.
Wer tiefer in das Thema einsteigen will, dem empfehle ich (Achtung Werbung!) meinen Bestseller „Schwäbischer Spruchbeutel", der in zigster Auflage, wie auch dieses Werk, im Silberburg–Verlag erschienen ist. Darin sind die Kleinode schwäbischer Weisheiten notiert. Treffsicherheit, Anschaulichkeit und hintergründiger Witz kennzeichnen dieses zur Weisheit verdichtete Kulturgut. Deshalb ist ein *Spruchbeitl* durchaus ein zu schützendes immaterielles Kulturgut.

's wird scho so sei sollâ, sonscht wär's net so!

Stäffele

{ Treppe }

Die *Staffel*, das ist eine gewöhnliche Treppe. Ist sie am Haus angebracht, ist das ein *Trippel*. Andernorts heißt sie *Steag. Gang dä d' Steagâ na! Stäffelâ* sind eine Stuttgarter Spezialität. Da die Landeshauptstadt im Loch liegt, geht es überall *Stäffelâ na oder nuff*. Schon paradox: die Stadt liegt im Kessel, also im Loch, und Degerloch liegt oben auf der Höhe. *Des muaß mr net vrstanda.* Seit Jahrhunderten denken die Degerlocher: *Do hondâ liegt dui fette Sau ond frisst onsre Steurâ!* Jedenfalls gibt es rund 500 *Stafflâ* und *Stäffelâ* in *Stuegert*. Und da sind die vielen hundert *Wengertstäffelâ* noch gar nicht mit eingerechnet. Als Fußgänger braucht man für deren Bewältigung stramme Waden. Das *nuff* ist nicht so schlimm. Denn beim *nonder* holt man sich den *Knieschnäpper* – zwei zitternde Knie inklusive eines massiven Muskelkaters. Die längste *Staffel* ist die Willy-Reichert-Staffel an der Karlshöhe mit 408 Stufen. Kaum verwunderlich, dass die Stuttgarter den Necknamen *Stäffelesrutscher* haben. Weniger faul sind die Kiebinger, denn das sind Stäffeleshopser. Die einen *na*, und die anderen *nuff*. *Jeder hot sei Art, wia dr Bock sein Bart.* Ein Zitat kann ich mir hier nicht verkneifen. Joachim Ringelnatz schrieb 1928: „Ja, Stuttgart ist schön, gegen dieses Scheißmünchen ein Paris." *Bloß halt mit Stäffelâ.*

Uhrzeitâ

{ Uhrzeiten }

Wie Zeit isch? oder *Wie spåt hemmr's*, so fragt man auf Schwäbisch nach der Zeit. Nicht alles in der schwäbischen Sprache ist logisch. Aber die Uhrzeiten sind seit Urzeiten *so ebbes* von logisch, wenn auch für Außerschwäbische ungewohnt. Wenn ein Schwabe nach der Uhrzeit gefragt wird und er bekommt die Antwort *Jetzt isch's femf bis drei viertel viere*, dann ist es 20 Minuten vor 16 Uhr. Nehmen wir mal 15 Uhr als Beispiel. Dann ist mit *viertel viere* das erste Viertel der bevorstehenden Stunde erreicht, also 15.15 Uhr. Genauso werden auch Sachen geteilt.
Ein *Vierleng Buddr* ist ein Viertel eines Kilos Butter. Logo!
Halber viere entspricht der Hälfte der Stunde, also 15.30 Uhr, und *drei viertel viere* drei Viertel der aktuell laufenden Stunde, also 15.45 Uhr. Alles andere lässt sich detailverliebt herleiten, z. B. *zeah vor halber* oder eben *femf vor drei viertel neine* oder *vier noch viertel viere* = 15.19 Uhr. Aber das sagt nur ein *i-Dipfelesscheißer*.

Also: es heißt *drei viertel viere* und nicht „Viertel vor". Man sagt ja auch ein Dreiviertelliter Wein und nicht „ein Viertel vor einem Liter Wein".

Das sind ebenso präzise Zeitangaben wie *väareg* oder *ferndich* (= vergangenes Jahr), im Gegensatz zu den vollständig im Unpräzisen bleibenden

Angaben wie *â Weile* oder *â klois Weile*, die der Interpretation des Sprechers oder des Angesprochenen bedürfen. Dazu passt auch die Geschichte jenes Mannes, der nach einem Wirtshausbesuch am frühen Morgen um halb vier nach Hause kam. Seine Frau wollte beim Frühstück die Zeit seiner Heimkunft wissen und er sagte wahrheitsgemäß *om halber*. Sie daraufhin:
Oh liag doch net so, war's scho ois?

Andere Zeitangaben geben ebenfalls klare Auskunft:
Meirâ Lebtag et! = niemals
Dia Dääg = In den nächsten Tagen, aber nagel mich bloß nicht fest.
Äll ander Daag = jeden zweiten Tag
Aftermeedich = Dienstag
Betzeitleitâ = 18 Uhr

Wieder andere bleiben im Ungewissen:
Äll Schaltjohr âmol = sehr selten
Am Glembemberlesdag = am Sankt Nimmerleinstag
Äll ritt = regelmäßig

Heit Middag = am Nachmittag, Uhrzeit ist offen. Der Mittag geht im Schwäbischen von 12 bis 17 oder 18 Uhr, da die Begriffe Vormittag und Nachmittag nicht existieren. Es gibt also nur den Morgen *en dr Friah*, den Mittag, den Abend *Obend, obneds* und die Nacht *Naacht, nächtig*.

55

WIASCHT

{ unflätig }

Ja, es gibt ihn, den groben, den unflätigen Schwaben, der flucht, schimpft und tobt. Aber das ist keine Charaktereigenschaft, sondern lediglich ein kurzes Aufflammen des Zornes, der der Eruption eines Vulkans entspricht. Lange ruht er, aber plötzlich und unerwartet bricht er aus. Dann allerdings ist der Schwabe so lange nicht zu bremsen, bis der ganze Druck aus dem Kessel ist. Danach ist es auch wieder gut. Nachtragend ist er nicht. Und nachtragend sollte man bei einem Schwaben auch nicht sein, wie das nachfolgende Beispiel zeigt:
Ein zerstreuter Professor betritt (verbotenerweise) einen Weinberg zur Zeit der Lese. Ein Wengerter stellt sich ihm in den Weg und schreit:
Du Dagdiab, i schlag dr glei so aufs Kabbâdach, dass de aus de Ribbâ guggsch, wia an Aff em Käfig, i schlag de en Bodâ nei, dass de dr Herrgott mit dr Beißzang wieder rausziagâ muaß ... Der Professor erschrickt zu Tode und stammelt nur noch Entschuldigungen. Da beruhigt ihn der Wengerter: *Es isch jo nedd so schlimm, drum sechd mers jo em Guadâ!*

Hier ein paar weitere Beispiele aus der Kategorie *wiascht*.

Bachel wia dia hot mr früher bis zom Hals ei'grabâ, ond was rausguckt hot, des hot mr oifach weggschlaa!

Dir henge 's Kreiz aus, dass de dâ Arsch en dr Schleng hoimdrägsch.
Dir schlage d' Laif ab, dass de uff de Schdombâ hoimquaddlâ muasch.
I schlag de oogschbiddsd en Grondserzbodâ nei.
I schlag dr glei oina en d' Gosch nei, dass dr Zäh' im Galopp dâ Hals na klepperet!
I schlag dr glei oinâ an d' Gosch na, dass dr Zäh' am Arsch Klavier spielât!
Du kosch me glei vom Boda aus aguggâ!
Ja hosch du denn Scheißdregg uff de Gloddzbebbl?
So a grommbogâs Arschloch gibds net nomol!
Bürschle, wenn i mid dir ferdig benn, no basch du en â Schdreichholzschächdele nei!

56

Wiaschtgläubige

{ Protestanten }

Noch zu Anfang des 20. Jahrhunderts zeigte die Konfessionskarte von Württemberg ein buntscheckiges Mosaik. Besonders auf dem Land gab es rein evangelische und rein katholische Orte. Je nach den Konfessionen der einzelnen Potentaten waren auch deren Untertanen *reachtgläubig* = katholisch oder *wiaschtgläubig* = evangelisch. Gab es in einem Dorf beide Konfessionen, so wurde im Allgemeinen gut zusammengelebt.

Lediglich an Feiertagen herrschte gegenseitiges Unverständnis und schwindende Toleranz. So führten die katholischen Bauern am Karfreitag (dem höchsten evangelischen Feiertag) Mist auf die Felder, und die evangelischen revanchierten sich am Fronleichnamstag, dem *Herrgottsdag*, wenn die Katholiken bei der Prozession unterwegs waren.

Der Pietismus prägte Alt-Württemberg wie eine Staatsreligion. Das „heilige Korntal" nennt man deshalb auch spöttisch „Pietkong". Pietistische Frauen erkannte man schon von Weitem an der typischen Haartracht, dem Dutt. Der wurde spöttisch *Pietischtâ-Knopf, Hallelujabebbel, Glaubensfrucht, Bekenntniszwiebl* oder *Prediger-Suchgerät* genannt. Oft haben die Frauen hier einen Pfannenreiber als Grundlage benützt. Bei den sonntagnachmittäglichen Versammlungen, der sogenannten *Stond* (des-

halb nennt man die Pietisten auch *Stondâleut*) wurde oft das Harmonium
gespielt, das scherzhaft *Pietischtanähmaschee* genannt wurde,
weil man den Balg mit zwei Pedalen bediente.
Katholiken und Protestanten sind also zwei Seiten der schwäbischen
Medaille.
Aber:
A katholisch's Würschtle wird au ema evangelischa Kächele hoiß!

Ein Katholik will auf dem Sterbebett zum Protestantismus konvertieren.
Mir isch liebr, es stirbt oiner von denne als oiner von ons!

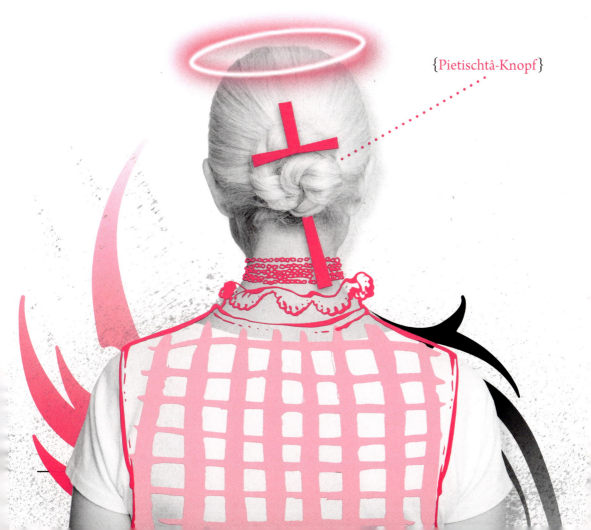

{Pietischtâ-Knopf}

Xälds

{ Marmelade }

Es ist ein sonderbares Wort, das für das Köstlichste steht, was die schwäbische Genießerküche zu bieten hat. *Xälds* ist ethymologisch nicht sicher herzuleiten und es ist auch nicht einfach nur ein Fruchtaufstrich. *Xälds* ist eine Offenbarung, eine Delikatesse, ein Leckerbissen, ein Glücklichmacher – vor allem *Bräschtlengsxälds* (siehe S. 26), also Erdbeermarmelade. Ein *frisch bacha's Brot*, darauf dick *dâ Buddr g'strichâ* (maskulin!) und darüber eine fette Lage *Xälds*. Völlerei! Das geht immer, zum Frühstück, als Zwischenmahlzeit, zum Nachtisch, zum Nachmittagskaffee oder als Tagesabschluss vor dem Insbettgehen. Da diese Schleckerei von jedem Schwaben geliebt wird, dient sie auch als Kosewort. Zärtlich sagt sie zu ihm *Du bisch mei schnuggelich's Xäldsbärle*.
Aber auch ein Dummkopf kann für eine unbedachte Äußerung mit *Ha, Du Xäldsbär!* bezeichnet werden. Beliebteste Sorte ist ohne Zweifel das *Bräschtlengsxälds*. Da haben wir jetzt zwei Begriffe, *wo koi Sau woiß, wo se herkommât: Bräschtleng ond Gsälz*. *Zwetschgâxälds*, *Träublesxälds* (= Johannisbeermarmelade) oder auch *Quittâxälds* stehen besonders hoch im Kurs. Der sprachlich fortgeschrittene Schwabe sollte folgenden Satz, ohne zu stolpern, über die Lippen bringen: *Der hot 's Quittâxäldshäfele ibr 's Stiegâgländer ens Suttrai nag'keit!*

58

{ gesund }

Schwaben achten darauf, das sie *xond bleibât*, nicht um das Leben in vollen Zügen zu genießen (es sei denn sie wären Schaffner bei der Bahn), sondern damit sie *schaffâ kennât*, denn das ist der allgemeine schwäbische Lebensinhalt. Allerdings *isch amâ Schwobâ isch erscht wohl, wenn's em net wohl isch*. Auf die Frage, wie es im gehe, antwortet der Schwabe immer *'s goht*. Sie könnten auch *guat* oder *subbr* sagen, aber nein, er sagt *'s goht*. Es wäre – zumindest im pietistisch geprägten Teil Württembergs – unschicklich, zu bekennen, dass es einem gut oder gar sehr gut gehe.

Ein Handwerker ist verstorben. Seine Kollegen treffen sich vor der Beerdigung in der örtlichen Gaststätte. Am Grab wird dann einer vorgeschoben, der etwas sagen soll. Leicht schwankend steht er am Grab und sagt nur drei Worte: *Karle, bleib xond!* Nur ein Schwabe versteht, dass dieses *bleib xond* viel mehr bedeutet, als nicht krank zu sein. Das schwäbische *bleib xond* umfasst Körper, Geist und Seele. Somit ist das theologisch gesprochen schon die Bitte, dass es ihm da, wo seine Seele jetzt ist, in allem gut gehen möge. Mehr kann man nicht wünschen. Und besser kann man es nicht auf den Punkt bringen.

Ist die allgemeine politische oder wachstumstechnische Lage schlecht, sorgt sich die Schwäbin nicht zuerst um sich und die Ihrigen, nein, dann bewegt sie der Wunsch: *Wenn no dr Herrgott xond bleibt.* Der Mann hingegen denkt und sagt: *Hauptsach, mr isch xond ond d Frau hot Arbet!*

Du, dr Karle wird ned am Meedich beerdigt, airscht am Freidich!

Ja wia, no goht's em wieder besser?

ZAHLA

{ Zahlen }

Schwäbische Zahlen sind ein fast undurchdringbarer Wirrwarr, in dem sich der Nichtschwabe ohne Navigationshilfe kaum zurechtfinden wird. Schon allein die Aussprache der Zahlen kann von Ort zu Ort variieren. Die Zahl 5 kann sowohl *femf, fümpf, fenf* oder *faif* gesprochen werden. Aber nicht nur die Ausspache, auch die Bedeutung ist schwer indifferent. Nehmen wir die Zahl 2, die gibt es, anders als in der Schriftsprache, gleich in drei Genera. *Zwuâ* ist weiblich, *zwee* ist männlich und *zwoi* oder *zwoâ* ist sächlich, beziehungsweise gemischtgeschlechtlich. Gegenderte Schwaben sozusagen. Ganz schön kompliziert, gell? Wir wollen es erden und verdeutlichen, damit Sie, geneigte Lesende, nicht *domm sterbâ miasset*: *Do senn zwuâ Fraua ond zwee Manna drbei, aber au zwoi Kendr.* Man könnte auch sagen: *Heit hau 'ne zwee Epfl on zwuâ Tomadâ eikaufd, diâ senn enn zwoi vorschiedene Beidalâ eipackd gwä.*

So sechs, wie mir femf, geit's koine vier,
weil mir drei de zwoi die Oinzigschte send!

Zahlâ, also bezahlen, hat aber auch eine weitere deutlich gewichtigere Bedeutung: *Frau Wirtin, i mecht gern zahlâ!* – In dieser Bitte um die Wirtshausrechnung sind gleich zwei Unangenehmheiten verborgen.

Erstens gibt der Schwabe sein Geld nicht her, und zweitens schon gar nicht gerne. Dennoch ist er gezwungen, seine Schulden zu begleichen – und wenn es erst am *Pfengschtheiligobend* ist. Dieser Feiertag ist allerdings weder bei *Reacht*- noch bei *Wiaschtglaibige* näher definiert. Ebenso vage bleibt man bei den Angaben *dui Woch'*, also irgendwann innerhalb der aktuellen Woche, oder *dia Däg*, also irgendwann in den nächsten Tagen.

Hier einmal alle Zahlen zum Verständnis:

1	oes, oas	11	ålf
2	zwåe, zwoi, zwee, zwuå (s. links)	12, 20	zwelf; zwanzich/zwanzg
3	drei (als Uhrzeit: drui)	13, 30	dreizää; dreisich/draißg
4	vir, viar	14, 40	virzää, virzich/virzg(e)
5	faef, femf, fempf, fümpf (s. links)	15, 50	fuffzää, fuffzich/fuchzg(e)
6	seggs	16, 60	sächzää, sächzich/sächzg(e)
7	sibâ	17, 70	sibzää, sibzich/sibzg(e)
8	achd, aachd	18, 80	achzää, achzich/achzg(e)
9	nae, neine	19, 90	naezää, naenzich/naenzg(e)
10	zää	100, 1000	hondord, daused

{ Sibâ Schwåbâ }

Ziagamlederle

{ Akkordeon / Harmonika }

Man hat das Akkordeon, die Harmonika, die man *Ziagamlederle* oder *Wanzapress'* nennt, hierzulande zwar nicht erfunden, sondern nur in persona Matthias Hohner in Trossingen zum wirtschaftlichen und gesellschaftlichen Erfolg gebracht. Da ist allerdings drauf gepfiffen. Denn die Musik an sich ist im Ländle erfunden worden. Das lassen zumindest die ältesten Instrumentenfunde der Welt, die Schwanenflügelknochenflöte und die Gänsegeierknochenflöte aus dem Hohle Fels und dem Geißenklösterle, zwei Höhlen auf der Schwäbischen Alb, vermuten. Trotz ihres Alters von rund 40 000 Jahren sind sie noch gut erhalten. Tausende Jahre später schrieb der römische Geschichtsschreiber Tacitus: „Suevia non cantat", die Schwaben singen nicht. *Jå, Pfeifådeckel*, schließlich sind die ersten *Xangsverei'* im 19. Jahrhundert mitten im Ländle entstanden.

Mit *Xangbuach* hingegen ist weder das katholische Gotteslob, noch das tatsächliche evangelische Gesangbuch gemeint sondern die Zugehörigkeit zur Konfession.
Den kasch uf koin Fall heiratå. Der hot 's falsche Xangbuach!
Wenn eine Frau erotischen Vergnügungen aus religiösen oder sonstigen, möglicherweise abstrusen Gründen nicht zugeneigt ist, sagt man:
Dui hot 's Xangbuach zwische de Knui!

Der ko sengâ wia a Sau krebslâ, sagt man zu jemandem, dessen musikalische Lautäußerungen eher ohrbeleidigend sind.

Zwetschgâpress

{ Toilette }

Mit dem Arsch haben wir das Buch begonnen, und mit selbigem wollen wir das Druckwerk auch beenden. Die *Zwetschgâpress* bezieht sich allerdings auf das primäre Geschlechtsteil der Schwäbin. Es liegt also *a Stückle weiter vorna*. Obwohl gerade dieses sich der aktuellen Mode unterwerfend zurzeit oft haarlos präsentiert und dem Begriff *Schnegge* eher gerecht wird, heißt es doch: *Wo Håår ischt, ischt auch Freide!*
Nun sind wir hier ein paar Zentimeter auseinander, aber wir wollen ja keine *I-Dipfelesscheißer* sein, denn mit diesem Begriff werden pedantische und vor allem klugscheißende Menschen bezeichnet. Und schon sind wir wieder beim Thema. *So en Scheiß, Scheiße!* oder *Scheißdreck!* sind Unmutsäußerungen über ein misslungenes eigenes oder fremdes Arbeits- oder Tätigkeitsergebnis oder einen missfälligen Anlass an sich.
Dies findet dann aber nicht, wie man vermuten könnte, auf dem *Abé* statt, und auch das *Fiedle*, der Hintern, ist meist daran unbeteiligt. Das Wort *Scheiße* dient häufig als Ausruf bei aufgetretenen Schwierigkeiten und Missgeschicken oder als Fluch zum Ausdruck der Frustration und der Verärgerung. Auch als Präfix dient es der Bewertung von etwas: *scheiß Karrâ*, *scheiß Schnoogâ*, *scheiß Gschwätz* oder gar *scheiß Buach*. Letzteres wird aber extrem selten benützt. Und schon gar nicht bei diesem bedeutungsvollen Werk, das Sie in Händen halten.

Ich bitte Sie, diese Meinung zu teilen, *sonscht ben i em Arsch…*
Bedenken Sie bei der Beurteilung dieses Buches:
Ma kâ koin Furz uf â Brett naglâ! (Nicht alles ist möglich.)

Bildnachweise:

S.11 Adobe Stock (2), S. 13 Archiv Wager, S. 15 Free Objects (2), S. 17 Fotolia, S. 21 Adobe Stock, S. 23 Archiv Wager,
S. 25 Creative Collection, S. 27 Jean-Claude Winkler + Adobe Stock, S. 28 + 29 Archiv Wager, S. 31 Archiv Wager + Fotolia,
S. 33 Creative Collection, S. 35 Wulf Wager, S. 37 Creative Collection, S. 39 Alexander Linke, S. 41 Urgeschichtliches
Museum Blaubeuren, S. 43 Creative Collection, S. 45 Fotolia, S. 47 Alexander Linke, S. 49 Fotolia + Creative Collection,
S. 51 Fotolia, S. 53 Thomas Niedermüller, S. 55 Wulf Wager + Adobe Stock, S. 56 Alexander Linke, S. 59 Alexander Linke,
S. 61 Free Objects, S. 62 Adobe Stock, S. 65 Fotolia + Wikipedia, S. 67 Free Objects (2), S. 69 Free Objects,
S. 71 Jörg Batschi, S. 75 Archiv Wager, S. 77 Archiv Wager, S. 79 Fotolia + Free Objects, S. 81 Creative Collection,
S. 83 Creative Collection, S. 85 Adobe Stock + Archiv Wager, S. 87 Archiv Wager, S. 88 + 89 Free Objects, S. 91 Adobe Stock (2),
S. 93 Alexander Linke, S. 95 Creative Collection, S. 97 Alexander Linke, S. 99 Johannes Guggenberger,
S. 101 Alexander Linke, S. 103 Wulf Wager, S. 105 Alexander Linke, s. 107 Alexander Linke + Jean-Claude Winkler,
S. 109 Adobe Stock, S. 111 Archiv Wager, S. 113 Adobe Stock, S. 115 Wikipedia, S. 117 Heiko Kempe,
S. 119 MEV Verlag + Fotolia + Free Objects, S. 121 Alexander Linke + Jean-Claude Winkler

Wulf Wager, geboren an einem Spätherbsttag des verheißungsvollen Jahres 1962 in Stuttgart, Betriebswirt Fachrichtung Werbung (VWA), Verlagsbuchhändler, Chefredakteur, Moderator und Spaßmacher, ist der Vollblutschwabe schlechthin. Nicht nur der Sebastian-Blau-Preis für schwäbische Mundart wurde von ihm initiiert, auch für das Projekt „Mundart in der Schule" zeichnet er verantwortlich. 30 Jahre lang war er mit den Stäffelesgeigern auf der Spur des typisch Schwäbischen und begeistert in / bei vielen Konzerten, Radio- und Fernsehauftritten die Besucher. Seither ist er als Solo-Künstler unter anderem mit der Schwobakomede im Ländle unterwegs. Für das Südwestfernsehen moderiert er Sendungen rund um Traditionen im Ländle, wie alljährlich den Umzug zum Cannstatter Volksfest oder den Festzug zu den baden-württembergischen Heimattagen. Sein „Schwäbischer Spruchbeutel" und das „Schwäbische Witzbüchle" sind längst Bestseller im Verlagsprogramm des Silberburg–Verlages.